FALKEN

FALKEN

Richter · Schneider · Pollert

Ihr Recht als Vermieter

Mit neuer Mietrechtsreform

Im FALKEN Verlag sind zahlreiche Titel zum Thema „Mietrecht" erschienen.
Sie sind überall erhältlich, wo es Bücher gibt.

Sie finden uns im Internet: **www.falken.de**

Dieses Buch wurde auf chlorfrei gebleichtem und säurefreiem Papier gedruckt.

Der Text dieses Buches entspricht den Regeln der neuen deutschen Rechtschreibung.

ISBN 3 8068 5513 7

Umschlaggestaltung: Design Team München/WSP-Design, Heidelberg
Redaktion: Dr. Rainer Lorenz, Kassel
Koordination: Birgit Schlegel
Herstellung: Tatjana Spira

Die Ratschläge in diesem Buch sind von den Autoren und vom Verlag sorgfältig erwogen und geprüft, dennoch kann eine Garantie nicht übernommen werden. Eine Haftung der Autoren beziehungsweise des Verlags und seiner Beauftragten für Personen-, Sach- und Vermögensschäden ist ausgeschlossen.

Satz: FROMM MediaDesign GmbH, Selters/Ts.
Druck: GGP Media, Pößneck

817 2635 4453 6271

Inhalt

Einleitung

Immobilien schaffen Sicherheit, machen Sie unabhängig und frei ... Doch Immobilien können Ihnen auch sehr viel Ärger bringen, wenn Sie nicht aufpassen. Ärger mit Ihrem Mieter, Ärger mit dem Mieterverein, der Schlichtungsstelle, dem gegnerischen Anwalt oder gar dem Gericht.

Unser Grundgesetz sieht ausdrücklich den Schutz Ihres Eigentums vor. Der Staat unterstützt ja sogar die Bildung von Wohneigentum. Es steht aber auch im Grundgesetz, dass Eigentum dem Wohle der Allgemeinheit dienen soll. In unserer sozialen Marktwirtschaft genießt der Mieter einen starken rechtlichen Schutz.

Wenn Sie daher keinen eindeutigen Mietvertrag abschließen, kann der Ärger schon vorprogrammiert sein.

Wenn Sie bei der Mieterhöhung, Modernisierung, den Umlagen, der Betriebskostenabrechnung oder der Beendigung des Mietverhältnisses durch Rechtsunsicherheit Fehler machen, können diese Ihnen viel Ärger bereiten und unter Umständen sogar recht teuer werden.

„Fehler sind da, um gemacht zu werden ...", heißt ein Sprichwort, „... doch nicht von Ihnen", lautet die Devise des Autorenteams dieses Buches.

Dieser Ratgeber ist speziell für Vermieter geschrieben.

- Er soll Ihnen die notwendige Rechtssicherheit geben, die Sie vor Entscheidungen brauchen,
- in leicht verständlicher Sprache die juristischen Sachverhalte näher bringen,
- helfen, Fehler bei beginnenden Schwierigkeiten mit Ihrem Mieter zu vermeiden,
- juristische Tipps geben, wie Sie sich im Streitfall verhalten sollen,

- juristisch einwandfreie Musterbriefe zur Vorlage für eigene Schreiben geben.

Dieses Buch kann nicht alle Fragen zum Mietrecht beantworten. Dies könnte nur ein dickleibiger Gesetzeskommentar leisten. Unser Mietrecht ist nämlich nicht in einem Gesetz zusammengefasst, sondern in zahlreichen Gesetzen und Verordnungen geregelt. Daneben gibt es noch zahlreiche Entscheidungen der verschiedensten Gerichte – bis hin zum Bundesverfassungsgericht –, die diese Gesetze und Verordnungen erläutern und auslegen und selbst als Vorschriften dienen.

Ziel dieses Buches ist es, dem Vermieter zu typischen Situationen einen sachkundigen Rat zu geben und vor allem zu vermeiden, dass aus Unkenntnis schon grundlegende Fehler gemacht worden sind, bevor man sich juristisch beraten lässt.

Dabei haben sich die Verfasser bewusst kurz und knapp gehalten, besonders großen Wert auf Verständlichkeit auch für juristische Laien gelegt. Denn nur dann, wenn die Darstellung auch eindeutig verstanden wird, kann sie eine juristische Hilfe sein.

Sofern Sie als Vermieter rechtliche Fragen haben, die den Rahmen dieses Buches sprengen, raten wir Ihnen, die fachkundige Hilfe eines „Vermieter"-Anwaltes (die zuständige Rechtsanwaltskammer nennt Ihnen Spezialisten) in Anspruch zu nehmen. Die Mitgliedschaft in einem örtlichen Haus- und Grundeigentümerverein kann von Nutzen sein. Die Adressen entnehmen Sie bitte dem Anhang.

Besonders bevor Sie einen Mietvertrag abschließen, sollten Sie dieses Buch gelesen haben.

Sie sollen rechtlich einwandfrei entscheiden, basierend auf einem verständlichen rechtlichen Wegweiser. Hierfür garantiert gerade die Zusammensetzung dieses Autorenteams: Rechtsanwalt Reinhard Richter ist im Vorstand des Haus- und Grundeigentümerverbandes Kassel. Er ist Anwalt mit dem Schwerpunkt „Mietrecht auf Vermieterseite". Er kennt alle juristischen Tipps und Tricks. Achim Pollert und Peter-J. Schneider garantieren als Wirtschaftspädagogen und Fachbuchautoren für die allgemeine Verständlichkeit der juristischen Darstellung.

Die Autoren wünschen Ihnen möglichst keinen Ärger mit Ihrer Immobilie und den Mietern.

Zur Neuauflage

Seit über 20 Jahren wurde eine Mietrechtsreform gefordert. Das neue Mietrecht wird nunmehr zum 1. September 2001 in Kraft treten. Doch keiner ist mit der Mietrechtsreform richtig zufrieden.

„Die wirklichen Probleme des Mietrechts werden nicht angefasst, unzählige neue Probleme allein durch die Ignorierung hunderter Rechtsentscheide geschaffen. Da eine solche Reform viele Jahre, wenn nicht Jahrzehnte jede Chance auf ein diesen Namen verdienendes Werk verbaut, sollte allein deshalb mehr Zeit und mehr Sachverstand aufgewendet werden", schreibt der Vorsitzende des deutschen Mietgerichtstages und renommierte Mietrechtler Ulf Börstinghaus in der NZM (Neue Zeitschrift für Mietrecht), 2001, Heft 5, Seite V.

Der Abschluss eines Mietvertrages

Mündlicher oder schriftlicher Mietvertrag?

Um einen Mietvertrag abzuschließen, brauchen Sie – rein rechtlich – nichts weiter zu tun, als mit dem Mieter mündlich zu vereinbaren, dass Sie ihm eine bestimmte Wohnung zu einem festgelegten Mietzins (Miete) vermieten und Ihrem neuen Mieter dann die Schlüssel für die Wohnung zu übergeben. Damit ist ein Mietvertrag wirksam zustande gekommen. Für dieses Mietverhältnis gelten die gesetzlichen Regelungen des Bürgerlichen Gesetzbuches (BGB).

Mündlicher Mietvertrag nachteilig

Allerdings ergeben sich mit einem derartigen Mietvertrag erst die Probleme. Denn die gesetzlichen Regelungen sind für Vermieter – auch nach der Mietrechtsreform – nachteilig. Nach dem BGB hat

- der Vermieter alle Betriebskosten (Lasten) zu tragen,
- der Vermieter keinen Anspruch darauf, dass der Mieter neben der Miete die Betriebskosten, Schornsteinfeger, Müllabfuhr, Grundsteuer, Versicherungen u. a. bezahlt,
- der Vermieter die Kosten für die Schönheitsreparaturen am Mietobjekt zu tragen; hierzu ist in § 538 BGB geregelt, dass der Mieter Veränderungen und Verschlechterungen der Mietsache, die durch vertragsgemäßen Gebrauch herbeigeführt werden, nicht zu vertreten hat.

Ein einmal geschlossener Mietvertrag ist für die ganze Dauer des Mietverhältnisses, teilweise also über 10 oder gar 20 Jahre hinaus, wirksam! Dies muss man sich vor Augen halten, alle daraus folgenden Konsequenzen kalkulieren und daher schon bei Abschluss des Vertrages sorgfältig überlegen und den richtigen Vertrag mit den richtigen Klauseln anwenden.

Verbindlichkeit eines geschlossenen Mietvertrages

Stellt sich nach Abschluss des Mietvertrages heraus, dass Sie als Vermieter einen ungünstigen Mietvertrag geschlossen haben, so gibt es für Sie keine Möglichkeit, nur wegen der ungünstigen Klauseln das Mietverhältnis mit dem Mieter zu beenden oder einen neuen schriftlichen Vertrag mit günstigeren Bedingungen zu schließen. Sie sind gezwungen, Ihren Mietvertrag einzuhalten.

INFO

Ein Mieter ist nicht verpflichtet, einem Änderungswunsch eines Vermieters zum bereits abgeschlossenen Mietvertrag zuzustimmen. Ausnahme: eine gerechtfertigte Mieterhöhung.

Grundsätzlich schriftlich

Es ist daher für Sie wichtig, mit dem Mieter einen schriftlichen Mietvertrag abzuschließen, denn mit diesem können Sie die mit dem Mieter getroffenen Vereinbarungen beweisen, Streit über den Inhalt gibt es dann nicht.

Außerdem müssen Verträge über Wohnraum mit einer längeren Laufzeit als ein Jahr grundsätzlich schriftlich abgeschlossen werden (§ 550 BGB).

Wird die Schriftform in diesem Fall nicht beachtet, so gilt der Vertrag als für unbestimmte Zeit geschlossen und ist erstmals zum Ende des ersten Jahres kündbar.

BEISPIEL

Am 1. Januar 2002 übergeben Sie Ihrem neuen Mieter, mit dem Sie mündlich eine Mietdauer von 5 Jahren vereinbart haben, die Schlüssel für die Wohnung. Dies bedeutet, dass das Mietverhältnis mindestens bis zum 31.Dezember 2006 dauern soll. Schriftlich wird dies nicht vereinbart.
Am 30. April 2003 kündigt Ihr Mieter fristgerecht zum 31. Juli 2003. Sie berufen sich aber darauf, dass vor dem 31. Dezember 2006 das Mietverhältnis nicht endet. Weil der Mietvertrag aber nicht schriftlich abgefasst wurde, ist die Kündigung dennoch rechtmäßig.

Achtung: Vorverträge

Mehrere Mietinteressenten haben Ihre Wohnung besichtigt. Da Ihnen einer zusagt, möchten Sie bis zum Abschluss des schriftlichen Mietvertrages eine Sicherheit haben, dass der Mieter die Wohnung auch nimmt, bevor Sie dem anderen Interessenten absagen. Sie denken daran, den neuen Mieter mit einem Vorvertrag zu binden.

Vor diesen schriftlichen Vorverträgen kann aber nur gewarnt werden!

Vorvertrag schon bindend

Ist ein derartiger Vorvertrag abgeschlossen, ohne dass der gesamte Inhalt schon formuliert ist, kann der Vermieter nicht verlangen, dass vom BGB abweichende Regelungen in dem endgültigen Mietvertrag vereinbart werden. Der Mieter kann sich bereits aufgrund des schriftlichen „Vorvertrages“ auf die Vorschriften des BGB berufen und der Vermieter hat dann keinen Anspruch auf die Unterzeichnung anderer, für ihn günstigerer Vertragsbedingungen.

TIPP

Daher sollte man zu einer Wohnungsbesichtigung schon den vollständig formulierten Mietvertrag mitnehmen, in den man dann nach Ende der Besichtigung nur noch den Namen des Mieters einsetzen muss und dann den Mieter unterzeichnen lässt.

Übergabe der Wohnung nach Abschluss eines Mietvertrages

Zur Vermeidung von späteren Streitigkeiten sollte man die Übergabe der Wohnung an den Mieter auch sorgfältig vorbereiten.

TIPP

Zu Ihrer Sicherheit: Nehmen Sie ein Protokoll auf. Wichtig ist dann nach Vertragsschluss auch, dass der Vermieter dem Mieter die Mietsache übergibt. Vielfach wird die Wohnungsübergabe – sei es mit Zustimmung oder ohne Zustimmung des Vermieters – von Mieter zu Mieter durchgeführt und später gibt es Streit über den Zustand der Wohnung. Der Vermieter muss dem Mieter die Wohnung einschließlich der Schlüssel selbst übergeben und er sollte dazu ein entsprechendes Protokoll anfertigen.

Ratsam ist es, Zusagen zur Durchführung von Instandsetzungs- oder Reparaturmaßnahmen in den Mietvertrag oder auch in das Protokoll aufzunehmen. Keinesfalls sollte dies lediglich mündlich vereinbart werden.

Auf vollständiges Protokoll achten

Wenn dem Mieter eine Mietwohnung mit Einrichtungsgegenständen übergeben wird, dann sollten die entsprechenden Gegenstände auch im Übergabeprotokoll aufgeführt worden sein. Dies gilt insbesondere auch für einen vom Vermieter in der Wohnung verlegten Teppichboden.

So könnte ein Protokoll für die Übergabe einer Mietsache aussehen:

Protokoll für die Übergabe einer Mietwohnung

Die aufgrund des Mietvertrages vom (Datum ...) vermietete
Wohnung (Ort, Straße, Stock, Nummer etc.)
ist am (Datum) übergeben worden.

Anwesend:
der Vermieter/für den Vermieter ...
der Mieter ...

Folgende Schlüssel wurden übergeben:
... Hausschlüssel, ... Wohnungsschlüssel, ... Briefkastenschlüssel,
... Kellerschlüssel, ...

Die Wohnung wurde eingehend besichtigt.[1)]
Die Wohnung wurde mangelfrei übergeben.[1)]
Folgende Mängel wurden festgestellt:[1)]
...

(Ort, Datum)

Vermieter Mieter

[1)] Nichtzutreffendes streichen

Form und Inhalt des Mietvertrages

Empfehlung: Formularvertrag

Für die Form und Gestaltung eines schriftlichen Mietvertrages gibt es keine gesetzliche Regelung. Jedem Vermieter ist es daher grundsätzlich freigestellt, die Bedingungen zu dem schriftlichen Mietvertrag zu formulieren. Den Laien kann man jedoch nur davor warnen, einen schriftlichen Mietvertrag nach eigenem Gutdünken selbst zu formulieren.

Als Laie wird man nicht an alle maßgeblichen Klauseln denken und es wird Lücken in dem Mietvertrag geben. Darüber hinaus kann es zu Widersprüchen zwischen einzelnen Bestimmungen kommen; auch dies ist wiederum für den Vermieter nachteilig.

TIPP

Zahlreiche Haus- und Grundeigentümerverbände (Adressen siehe Seite 172 ff.) haben Formularmietverträge entworfen und verkaufen diese auch für einen geringen Betrag. Diese werden von Zeit zu Zeit aktualisiert und dem Stand der Rechtsprechung angepasst.

Wir raten Ihnen daher, auf einen solchen Formularmietvertrag zurückzugreifen. Alle Formularmietverträge sind zu empfehlen, die von einem Haus- und Grundeigentümerverband kommen.

Vorsicht bei lückenhaften Formularverträgen

Achtung: Im Schreibwarenhandel und als Datei auf Disketten ist eine Vielzahl von Formularmietverträgen erhältlich. Gerade vor diesen muss gewarnt werden, da diese Mietverträge zahlreiche Lücken enthalten. Sie können Klauseln enthalten, die schon vor Jahren von Gerichten für unwirksam erklärt wurden. Offensichtlich sind einige dieser Mietvertragsformulare nicht an die neueste Rechtsprechung angepasst worden.

Besonders gefährlich sind die Mietvertragsformulare, die im Durchschreibeverfahren ausgefüllt werden. Oft befinden sich wesentliche Regelungen auf der Rückseite der Vordrucke, die meistens nicht gelesen werden und für Ärger mit dem Mieter sorgen können. Bei den im Handel erhältlichen Vordrucken und Disketten ist darüber hinaus auch oft zu beanstanden, dass die Regelungen über die vom Mieter zu tragenden Betriebskosten außerordentlich lückenhaft sind.

Der früher einmal vom Bundesministerium der Justiz herausgegebene Mustermietvertrag hat sich nicht durchgesetzt.

TIPP

Zu warnen ist ausdrücklich vor den Mietvertragsformularen, die der Mieter vom Deutschen Mieterbund bezieht und Ihnen vorlegt.

Nachteile für den Vermieter

Vor einigen Formularmietverträgen muss außerdem gewarnt werden, weil sie Klauseln enthalten können, die *mehrere* Antwortmöglichkeiten bieten. Sie müssen sich aber für *eine* entscheiden. Wenn im Mietvertrag etwa folgende Klausel enthalten ist: „Schönheitsreparaturen trägt der Vermieter ❑ der Mieter ❑." Wird in diesem Fall nichts angekreuzt, so muss nach dem Gesetz der Vermieter die Kosten für die Schönheitsreparaturen tragen.

Auf Widerspruchsfreiheit achten

Formularmietverträge bieten den Parteien die Möglichkeit, noch gesonderte Vereinbarungen zu treffen. Wenn man diese Sondervereinbarungen mit dem Mieter trifft, muss man natürlich darauf achten, dass sie nicht im Widerspruch zu dem bereits vorformulierten gedruckten Text stehen. Als Grundsatz gilt: Man sollte möglichst nur die vorgedruckten Vereinbarungen treffen.

INFO

Eine Unklarheit zwischen vorformulierten Texten und handschriftlichen Inhalten geht immer zu Lasten dessen, der den Formularmietvertrag vorgelegt hat. Dies ist in der Regel der Vermieter. Für den Mieter gilt dann immer die günstigste Regelung.

Der Inhalt eines rechtlich abgesicherten Mietvertrages

Die Vertragsparteien

Im Kopf des Mietvertrages sind alle Namen der Vertragsschließenden aufzunehmen: die Vermieter- und dic Mieterseite.

Mietvertrag für Wohnräume

zwischen .... Vermieter

in ....

....
Bevollmächtigter

und ....
(Beruf, Vor- und Zuname, Anschrift)

.... Mieter

TIPP

Achten Sie auf Vollständigkeit und Richtigkeit: Es ist besonders wichtig, die Namen und Vornamen von Vermieter und Mieter vollständig und richtig aufzuführen, um bei einer späteren Kündigung oder Mieterhöhung Probleme zu vermeiden.

Sämtliche Namen nennen

Bei einer Grundstücksgemeinschaft – sei es Ehepaar, Erbengemeinschaft oder sonstige Eigentümergemeinschaften – sollten in jedem Fall die Namen sämtlicher Mitglieder der Gemeinschaft aufgeführt werden und auch der Vertreter der Erbengemeinschaft genannt sein, wenn ein solcher existiert.

Formular sorgfältig ausfüllen

Wenn die Zeilen falsch oder unvollständig ausgefüllt sind, besteht die Gefahr, dass dies allein aus formalen Gründen später zur Abweisung einer Räumungsklage oder einer Klage auf Zustimmung zur Mieterhöhung führen kann. Fehler zu Beginn können später sehr teure Folgen haben!

Ein Ehepartner ist Alleineigentümer

Auf richtige Angaben achten

Zulässig, aber völlig falsch ist es, nur den Ehemann als Vermieter anzugeben, wenn das Haus tatsächlich im Alleineigentum der Ehefrau steht. In diesem Fall sollte klargestellt sein, dass der Ehemann lediglich in Vollmacht seiner Ehefrau auftritt. Dementsprechend sollte es im Mietvertrag heißen: „Vermieter: Frau … (Vor- und Nachname), vertreten durch Herrn … (Vor- und Nachname)".

Sehr hilfreich kann es sein, wenn man das Geburtsdatum oder den Beruf eines Mieters notiert. Zieht z. B. ein Mieter in einer Nacht- und Nebelaktion aus und verschwindet, ohne die Anschrift zu hinterlassen, dann kann es bei häufig vorkommenden Namen hilfreich sein, das Geburtsdatum zu kennen, damit man eine entsprechende Auskunft vom Einwohnermeldeamt erhält. Auch der Geburtsname eines Mieters/einer Mieterin ist im Mietvertrag sinnvoll.

Die Wohngemeinschaft als Mieter

Häufig kommt es zum Streit zwischen Vermieter und Mieter, wenn die Wohnung an eine Wohngemeinschaft vermietet wurde. Mit dem Begriff „Wohngemeinschaft" ist nichts anderes als eine Anzahl von Personen gemeint, die gemeinsam eine Wohnung anmieten und damit eine „Gesellschaft bürgerlichen Rechts" darstellen. Sinn und Zweck dieser GbR ist es, die hohen Mietkosten auf eine größere Anzahl von Personen zu verteilen, damit für den Einzelnen der monatliche Betrag so gering wie möglich ist.

Eine Wohngemeinschaft ist in den seltensten Fällen auf Dauer angelegt. Je größer sie ist, desto häufiger kommt es zum Wechsel der Mietparteien innerhalb der Gemeinschaft. Oft erfährt ein Vermieter, der nicht im selben Haus wohnt, erst nach ziemlich langer Zeit, dass ein Wechsel innerhalb der Wohngemeinschaft stattgefunden hat.

Wechsel auf Mieterseite

Da der Austausch von Personen auf Seiten der Mieter der Genehmigung des Vermieters bedarf, ergeben sich daraus Probleme. Die ersten Mitglieder der Wohngemeinschaft, die die Wohnung unmittelbar angemietet haben, hat der Vermieter noch persönlich kennen gelernt. Die später eingetretenen Personen kennt er dann meist nicht mehr.

Ob die Mitglieder einer Wohngemeinschaft einen Anspruch gegen den Vermieter haben, der darin besteht, dieser „Auswechslung" der Mietvertragsparteien zuzustimmen, richtet sich nach den Umständen des Einzelfalles:

- Hat der Vermieter einer Wohngemeinschaft dem Wechsel von Mitgliedern der Wohngemeinschaft mehrfach zugestimmt oder hat der Vermieter den Wechsel mehrfach stillschweigend geduldet, so folgert die Rechtsprechung daraus, dass ein Vermieter bei einem weiteren Wechsel nicht plötzlich die Zustimmung zur Auswechslung der Mietvertragsparteien verweigern kann.
- Bei Vermietung an eine Wohngemeinschaft muss daher von vornherein durch eine entsprechende Formulierung klargestellt werden, dass bei einem Ausscheiden der einzelnen Mitglieder diese nicht auch automatisch aus dem Mietverhältnis ausscheiden.
- Gleichzeitig muss ausdrücklich geregelt werden, dass ein ausscheidendes Mitglied der Wohngemeinschaft keinen Anspruch gegen den Vermieter hat, dass dieser automatisch einen Ersatzmieter in den Mietvertrag aufnimmt.

- Weiterhin muss vereinbart werden, dass die Mieter aus der Zustimmung zur Auswechslung eines Mitglieds der Wohngemeinschaft keinen Anspruch herleiten können, dass der Vermieter automatisch auch zukünftig der Auswechslung weiterer Mieter zustimmt.

Aber Vorsicht! Auch bei einer entsprechenden schriftlichen Vereinbarung haben die Mitglieder der Wohngemeinschaft dennoch den Anspruch gegen den Vermieter auf Zustimmung zur Auswechslung eines Mitgliedes der Wohngemeinschaft, wenn der Vermieter mehrfach die Zustimmung erteilt oder die Auswechslung geduldet hat.

TIPP

Die Probleme, die sich bei einer Vermietung an eine Wohngemeinschaft ergeben können, kann man dadurch abmildern, dass man ein Mitglied der Wohngemeinschaft als Hauptmieter auswählt und mit diesem den Mietvertrag abschließt.
Man vereinbart dann mit dem Hauptmieter im Mietvertrag, dass er an einzelne, bestimmte und mit Namen bezeichnete Personen untervermieten darf.

Bürgschaftserklärung

Daneben müssen der oder die Untermieter gegenüber dem Vermieter eine Bürgschaftserklärung abgeben, dass sie für die gesamte Miete einschließlich der Betriebskosten selbstschuldnerisch haften, sodass kein Mietausfall eintreten kann. Weiterhin muss im Mietvertrag mit dem Hauptmieter schriftlich vereinbart werden, dass aus dem Recht, einer bestimmten namentlich benannten Person die Wohnung unterzuvermieten, kein Recht zur weiteren Untervermietung hergeleitet werden kann, wenn einer der namentlich benannten Untermieter aus der Wohngemeinschaft auszieht.

Unterschriften beim Mietvertrag

Wenn der Kopf des Mietvertrages richtig und vollständig ausgefüllt ist, dann muss man darauf achten, dass der Mietvertrag auch von allen Mietern und Vermietern eindeutig unterschrieben wurde.

Alle Parteien müssen unterschreiben

................................., den .... 20 ....
Ort

Vermieter	Mieter
....	....
....	....
....	....

Die besten Formulierungen in Mietverträgen nützen nichts, wenn der Mietvertrag gar nicht oder nicht von allen Beteiligten unterzeichnet wurde.

Zu achten ist bei den Unterschriften unter dem Mietvertrag, dass

- alle am Mietvertrag beteiligten Personen den Mietvertrag unterzeichnen,
- Unterschriften auch am Ende unter allen vereinbarten Vertragsbedingungen stehen,
- Vertragsbedingungen, die nach der Unterschrift aufgeführt wurden, nicht Bestandteile des Mietvertrages sind, sofern sie nicht gesondert unterschrieben wurden.

Wer muss bei minderjährigen Mietern unterschreiben?

Volljährig ist man in Deutschland mit Vollendung des 18. Lebensjahres. Nun kommt es aber oft vor, dass Minderjährige Woh-

Auf Alter des Mieters achten

nungen anmieten; häufig sind das Ein-Zimmer-Appartements. Dabei sieht man diesen Menschen häufig nicht an, dass sie noch minderjährig sind.

TIPP

Lassen Sie sich in jedem Fall den Personalausweis des Mieters oder der Mieter zeigen. Notieren Sie sich Ausweisnummer, Ausstelldatum und -ort und kontrollieren Sie, ob das angegebene Alter und die Namen der neuen Mieter stimmen.

Der unterschriebene Mietvertrag eines beschränkt Geschäftsfähigen (bis 18 Jahre) ist schwebend unwirksam. Er wird erst gültig, wenn die Erziehungsberechtigten ihre Genehmigung erteilen. Geschieht dies nicht, ist der Vertrag ungültig.

TIPP

Verlangen Sie bei Minderjährigen grundsätzlich die schriftliche Zustimmung des Erziehungsberechtigten oder lassen Sie am besten den Mietvertrag vom Erziehungsberechtigten selbst unterschreiben.

Die Wahl der richtigen Mietzeit

Varianten zur Mietzeit

Durch das Mietrechtsreformgesetz kommt es an diesem Punkt zu erheblichen Änderungen. In der Vergangenheit enthielten die Formularmietverträge zur Dauer des Mietverhältnisses verschiedene Varianten und ermöglichten unter anderem auch das Eingehen des Mietverhältnisses auf eine bestimmte Zeit sowie eine bestimmte Zeit mit Verlängerungsklausel.

Diese Möglichkeiten sind durch das Mietrechtsreformgesetz eingeschränkt worden. Daher gibt es nur noch zwei Möglichkeiten, ein Mietverhältnis einzugehen.

- auf unbestimmte Zeit oder
- auf bestimmte Zeit bei Vorliegen eines Befristungsgrundes.

Mietvertrag auf unbestimmte Zeit

Wenn das Mietverhältnis zwischen den Parteien auf unbestimmte Zeit abgeschlossen ist, kann es von den Parteien jederzeit mit den gesetzlichen Kündigungsfristen beendet werden (siehe Kapitel Kündigung, Seite 99).

Mietzeit

Das Mietverhältnis beginnt am .. .. 20...

(Nur für Verträge von unbestimmter Dauer)
Das Mietverhältnis läuft auf unbestimmte Dauer und kann unter Einhaltung der gesetzlichen Fristen gekündigt werden. Dies gilt jedoch nicht, wenn die nachfolgende Alternative Nr. 2 ausgefüllt ist.

oder

(Nur für Vertrag von bestimmter Zeit)
Der Mietvertrag wird auf die Dauer von ... Monaten geschlossen.
Das Mietverhältnis läuft am ... ab.
Das Mietverhältnis wird auf bestimmte Zeit eingegangen, da der Vermieter nach Ablauf der Mietzeit die Räume ... (hier Gründe für die Befristung eingehend erläutern)

TIPP

Da das Gesetz den Mieter umfassend schützt und der Vermieter das Mietverhältnis nur aus berechtigtem Interesse gemäß § 573 BGB kündigen kann – vorausgesetzt der Mieter verhält sich immer vertragsgetreu –, schließen Sie den Mietvertrag auf unbestimmte Zeit ab. Wenn die Voraussetzungen für die Befristung des Mietverhältnisses nicht vorliegen, wird es Ihnen nicht weiterhelfen, einen Mietvertrag auf bestimmte Zeit zu vereinbaren.

Mietvertrag auf bestimmte Zeit

Der Zeitmietvertrag ist in § 575 BGB abschließend geregelt. Danach ist es in Zukunft unzulässig, einen Mietvertrag auf bestimmte Zeit abzuschließen, ohne dass zugleich ein Grund für die Befristung schriftlich mitgeteilt wird. Dies ergibt sich aus § 575 Abs. 1 Satz 2 BGB, wonach bei einem Verstoß gegen diese Regelung das Mietverhältnis als auf unbestimmte Zeit abgeschlossen gilt.

Eindeutige Terminnennung

Ein Mietverhältnis kann auf bestimmte Zeit eingegangen werden, wenn der Vermieter bestimmte Bedingungen erfüllt. In der Wahl der Mietzeit ist der Vermieter frei, eine Mindestdauer oder Höchstdauer des Mietverhältnisses gibt es nicht.

Gründe für die Befristung

Gründe

Diese sind gegeben, wenn der Vermieter nach Ablauf der Mietzeit

1. die Räume als Wohnung für sich, seine Familienangehörigen oder Angehörige seines Haushalts nutzen will; oder
2. in zulässiger Weise die Räume beseitigen oder so wesentlich verändern oder instand setzen will, dass die Maßnahmen durch eine Fortsetzung des Mietverhältnis erheblich erschwert würden; oder
3. die Räume an einen zur Dienstleistung Verpflichteten vermieten will.

Diese Befristungsgründe entsprechen im Wesentlichen den bisherigen Befristungsgründen, sodass die hierzu ergangene Rechtsprechung weiterhin gültig ist.

Bei Ziffer 1 muss beachtet werden, dass die Neufassung weitergehend ist und dass ein „Angehöriger seines Haushalts" auch ein gleichgeschlechtlicher Lebenspartner sein kann. Es ist dabei zu beachten, dass seit dem 1. August 2001 das Lebenspartnerschaftsgesetz (LPartG) gilt.

Zu Ziffer 2: Nur wesentliche Instandsetzungsmaßnahmen stellen einen Befristungsgrund dar. Die Modernisierung oder der Umbau eines Badezimmers dürfte daher kein Grund für den Abschluss eines Zeitmietvertrages sein.

Wichtig und wesentlich ist, dass der Vermieter „dem Mieter den Grund für die Befristung bei Vertragsschluss schriftlich mitteilen muss." Damit hierüber kein Streit entsteht, ob der Vermieter diesen Grund schriftlich mitgeteilt hat, ist es notwendig, dass der Grund der Befristung bereits im Mietvertrag genannt wird. Der Grund muss schlagwortartig angegeben werden. Es ist nicht ausreichend, wenn zum Beispiel bei dem Befristungsgrund des § 575 Abs. 1 Nr. 2 BGB (wesentliche Veränderung und Instandsetzung) lediglich „Umbau" angegeben wird. Dies ist zu ungenau. Hier muss der Vermieter in Zukunft sorgfältig den Mietvertrag ausfüllen und mehr als in der Vergangenheit vorher Rechtsrat bei Abschluss des Zeitmietvertrages einholen. Dies hängt mit den Folgen zusammen, die der Gesetzgeber an einen Verstoß gegen die Mitteilungspflicht knüpft.

Kommt das Gericht nämlich zum Ergebnis, dass der Grund der Befristung nicht ausreichend schriftlich mitgeteilt wurde, dann gilt das Mietverhältnis als auf unbestimmte Zeit abgeschlossen. Der Vermieter muss dann eine ordentliche Kündigung aussprechen und dies kann er aber nur bei einem berechtigten Interesse (siehe Seite 102 ff.).

Mitteilungspflicht

Es ist aber nicht ausreichend, den Grund der Befristung nur bei Vertragsabschluss schriftlich mitzuteilen. Gemäß § 575 Abs. 2 BGB kann der Mieter vom Vermieter frühestens vier Monate vor Ablauf der Befristung verlangen, dass dieser binnen eines Monats mitteilt, ob der Befristungsgrund noch besteht. Dies hört sich zunächst für den Vermieter gut an, denn es scheint so, als ob der Mieter tätig werden muss, während der Vermieter sich auf jeden Fall auf die Befristung berufen kann.

Dies ist ein Trugschluss. Auf eine Anfrage des Mieters ist der Vermieter verpflichtet, binnen eines Monats zu antworten. Antwortet der Vermieter später, so kann der Mieter eine entsprechende Verlängerung des Mietverhältnisses verlangen und zwar um den Zeitraum, um den sich die Antwort des Vermieters verspätet. Äußert sich der Vermieter bis zum Mietende nicht, darf der Mieter wohnen bleiben! Es gilt dann die allgemeine Regelung des § 545 BGB, das Mietverhältnis verlängert sich auf unbestimmte Zeit.

Zweite Mitteilungspflicht

In § 575 Abs. 3 BGB ist weiterhin geregelt, dass bei einem späteren Eintritt des im Mietvertrag angegebenen Grundes für die Befristung der Mieter vom Vermieter eine entsprechende Verlängerung des Mietverhältnisses um den entsprechenden Zeitraum verlangen kann.

Entfällt der Grund für die Befristung ganz, dann kann der Mieter eine Verlängerung des Mietverhältnisses auf unbestimmte Zeit verlangen. Das Gesetz regelt auch, dass der Vermieter verpflichtet ist, die Voraussetzung für den Eintritt des Befristungsgrundes und die Dauer der Verzögerung zu beweisen. Gelingt ihm dies nicht, so trägt er die Beweislast und das Mietverhältnis endet *nicht* aufgrund des Zeitablaufes.

§ 575 Abs. 4 BGB regelt, dass jede zum Nachteil des Mieters abweichende Vereinbarung unwirksam ist. Das bedeutet, dass ein Zeitmietvertrag, in dem kein Grund für die Befristung angegeben ist, unwirksam ist und nicht zu einer Beendigung des Mietverhältnisses nach Zeitablauf führt.

Bei dem Zeitmietvertrag gemäß § 575 BGB kann der Mieter kein Widerspruchsrecht gemäß § 574 BGB (Fortsetzungsanspruch und Berufung auf die Sozialklausel) geltend machen (siehe dazu Widerspruchsrecht des Mieters – Seite 119 ff.). Dies folgt aus dem Wortlaut des § 574 BGB, der nur auf eine Kündigung anzuwenden ist.

TIPP

Beide Hinweise des Vermieters – bei Beginn des Mietverhältnisses und später vor Ablauf der Mietzeit – müssen schriftlich erfolgen. Die Erklärung muss dem Mieter tatsächlich und nachweislich zugehen.

Beschreibung des Mietobjektes im Mietvertrag

Genaue Angaben im Vertrag

Wichtig ist es auch, den Gegenstand des Vertrages im Mietvertrag so genau wie möglich zu bezeichnen.

§ 1 Mietsache

Haus .... Straße Nr. ....
Vorderhaus – Hinterhaus – Seitengebäude – ....
Geschoss .... zu Wohnzwecken: .... Zimmer,
.... Küche, ... Diele (Flur), ... Bad/Duschraum,
.... Mansarde, ... Keller, ... Bodenraum,
....,
.... qm Garten.

Selbstverständlich ist dies zuerst einmal die Anzahl der Zimmer in der Wohnung. Besonders wichtig ist auch, dass Sie die Anzahl der Nebenräume, die außerhalb der Wohnung liegen und vom Mieter allein benutzt oder mitbenutzt werden dürfen, im Einzelnen aufführen. Deshalb ist auch die Anzahl der vermieteten Keller zu bezeichnen. Wenn eine Garage oder ein Abstellplatz für Kraftfahrzeuge mitvermietet ist, ist dies ausdrücklich zu erklären. Soll außer der Nettomiete für die Wohnung noch eine Nettomiete für die Nutzung der Garage oder eines Abstellplatzes für Kraftfahrzeuge gezahlt werden, muss dies ebenfalls ausdrücklich im Mietvertrag vereinbart sein. Auch die Nutzung des Gartens muss im Mietvertrag vereinbart werden.

TIPP

Im Zweifel gilt der Garten eines Ein-, nicht aber der eines Mehrfamilienhauses als mitvermietet. Dennoch ist gegebenenfalls der Vermerk „ohne Gartenbenutzung" nützlich.

Soweit Nebenräume oder Garagen mitvermietet werden, unterliegen diese dem mietrechtlichen Bestandschutz. Sie bilden also mit der Wohnung rechtlich eine Einheit. Das bedeutet, dass eine Teilkündigung der Nutzung von Nebenräumen grundsätzlich unzulässig ist. Das gilt für die spätere Vermietung einer Garage und auch für einen separaten Garagenmietvertrag, wenn nicht in diesem ein schriftlicher Hinweis enthalten ist, dass er unabhängig vom Wohnungsmietvertrag geschlossen wird und auch unabhängig von ihm gekündigt werden kann.

Trennung Garage – Wohnung empfehlenswert

Die Trennung zwischen Wohnungsmietvertrag und Garagenmietvertrag ist auf jeden Fall zu empfehlen, da ansonsten Probleme bei einer Mieterhöhung entstehen können. Die Probleme können sich zum einen daraus ergeben, geeignete Vergleichswohnungen zu finden, und zum anderen daraus, dass der Mietwert der Garage zunächst aus der Nettomiete herausgerechnet werden muss, bevor die Mieterhöhung für die Wohnung berechnet wird.

INFO

Auch die mündliche Zusage, dass ein Mieter eine Garage oder einen Abstellplatz mitbenutzen kann, ist wirksam. Aus der einmaligen Zusage zur Nutzung kann der Mieter für die Zukunft seine Rechte einfordern. Allerdings ist eine Teilkündigung von Nebenräumen möglich, wenn der Vermieter nicht zum Wohnen bestimmte Nebenräume (z. B. Dachboden) oder Teile eines Grundstücks (z. B. Garten) dazu verwenden will, neuen Wohnraum für die Vermietung zu schaffen (§ 573 b Abs. 1 BGB). Wird diese Kündigung ausgesprochen, kann der Mieter eine angemessene Senkung der Miete verlangen.

Mitvermietet ohne ausdrückliche Vereinbarung sind: Grundstücks- und Hauszugänge, Treppenhaus, Aufzug sowie die zum gemeinschaftlichen Gebrauch der Mieter dienenden Räume wie Wasch- und Trockenraum sowie Fahrradkeller. Im Rahmen des Mietvertrages hat der Mieter im Übrigen einen Anspruch auf vertragsgemäßen Mietgebrauch und, sofern der Platz im Treppenhaus ausreicht, kann der Mieter dort sogar den Kinderwagen oder Rollstühle abstellen.

Miete und Betriebskosten – auf den Vertragsinhalt kommt es an

Trennung von Miete und Betriebskosten

Selbstverständlich werden Sie die Höhe der Nettomiete im Mietvertrag schriftlich festhalten. Nicht selbstverständlich ist aber eine ausreichende Regelung im Mietvertrag hinsichtlich der Umlage der Betriebskosten (auch Nebenkosten genannt). Hier hat die Mietrechtsreform keine Verbesserung für den Vermieter gebracht, denn es bleibt auch weiterhin den Vertragsparteien überlassen, ob sie vereinbaren, dass der Mieter die Betriebskosten zusätzlich zur Miete zahlen soll.

GESETZ

§ 556 BGB:
Die Vertragsparteien können vereinbaren, dass der Mieter Betriebskosten im Sinn des § 27 der II. Berechnungsverordnung trägt.

Es ist daher für den Vermieter in Zukunft weiterhin wichtig, im Mietvertrag zu vereinbaren, dass der Mieter die Betriebskosten zusätzlich zur Miete zu zahlen hat, und im Mietvertrag ist hinsichtlich der Betriebskosten eine eindeutige und unmissverständliche Regelung zu treffen.

Zusätzlich sollte auch vereinbart werden: „Die Betriebskosten sind zugleich mit der Miete zu zahlen." Zwar ist in § 556 b BGB geregelt, dass die Miete bis spätestens zum dritten Werktag eines Monats im Voraus zu entrichten ist, wenn eine Monatsmiete vereinbart wurde. Diese Regelung gilt aber nicht für die Betriebskostenvorauszahlung. Deshalb muss deren Fälligkeit gesondert geregelt werden.

Definition Betriebskosten

Was Betriebskosten sind, definiert das Gesetz so: „Betriebskosten sind alle Kosten, die dem Eigentümer durch das Eigentum am Grundstück oder den bestimmungsgemäßen Gebrauch des Gebäudes, des Grundstücks oder der Anlagen des Grundstücks laufend entstehen."

Im Einzelnen sind dies die Kosten für Grundsteuer, Wasser, Entwässerung, Heiz- und Warmwasserkosten, Aufzug, Straßenreinigung und Müllabfuhr, Hausreinigung und Ungezieferbekämpfung, Gartenpflege, Beleuchtung, Schornsteinreinigung, Sach- und Haftpflichtversicherungen, Hausmeister, Gemeinschaftsantenne oder Kabelanschluss, maschinelle Wascheinrichtungen sowie sonstige Betriebskosten, wie etwa Wartung der Feuerlöscher.

Keine „sonstigen Betriebskosten" sind z. B. Bankgebühren, Verwaltungskosten, Zinsen, Porto.

Die Formulierung im Mietvertrag ist entscheidend

Bloße Nennung genügt

Zwar ist in § 556 Abs. 1 nunmehr geregelt, dass die Betriebskosten im Sinne des § 27 der II. Berechnungsverordnung auf die Mieter umgelegt werden können. Es genügte bereits in der Vergangenheit, zur Vereinbarung der Betriebskosten auf Anlage 3 zu § 27 der II. Berechnungsverordnung zu verweisen (OLG Hamm, Rechtsentscheid, DWW 1997, Seite 342). Gleichwohl muss die schriftliche Vereinbarung hinsichtlich der Betriebskosten im Mietvertrag eindeutig sein.

TIPP

Benennen Sie trotz der günstigen Rechtslage die einzelnen Betriebskosten, vereinbaren Sie hierfür eine monatliche Vorauszahlung und nennen Sie die Fälligkeit der Betriebskostenvorauszahlung im Mietvertrag. Viele Amtsgerichte sprachen die Betriebskosten dem Vermieter nur zu, wenn deren Übernahme im Mietvertrag vereinbart ist und die einzelnen Betriebskosten genau aufgeschlüsselt werden.

Nachteilige Formulierungen

Eine Vereinbarung wie „Der Mieter trägt alle umlagefähigen Betriebskosten" kann auch weiterhin dazu führen, dass der Mieter nur Strom, Wasser und Heizung zahlt. Nachteilig sind auch Formulierungen wie:

- „der Mieter trägt die üblichen Betriebskosten",
- „die Abgaben auf das Haus trägt der Mieter",
- „die anfallenden Kosten wie zum Beispiel Strom, Gas, Wasser oder Ähnliches trägt der Mieter",
- „die städtischen Gebühren trägt der Mieter". (In diesem Fall würden sonst nur Kanalgebühren und Müllabfuhrkosten umgelegt werden können, nicht jedoch Grundsteuer oder die Kosten einer Gebäudeversicherung!)

Betriebskosten detailliert aufzählen

Bei der heutigen Explosion der Betriebskosten, hauptsächlich der kommunalen Gebühren, ist es daher wichtig, die umlagefähigen Betriebskosten detailliert aufzuschlüsseln und aufzuführen. Auf den Seiten 42 und 43 finden Sie eine korrekte Betriebskostenabrechnung.

Hinsichtlich des Abrechnungsmaßstabes für Betriebskosten ist in § 556 a Abs. 1 BGB geregelt, dass die Betriebskosten nach dem Anteil der Wohnfläche umzulegen sind, sofern

- die Vertragsparteien nichts anderes vereinbart haben (zum Beispiel bei dem Frischwasser nach Personenzahl) oder

- soweit andere Vorschriften nicht eine anderweitige Abrechnung vorschreiben (Heizkosten nach der Heizkostenverordnung).

Bei verbrauchsabhängigen Betriebskosten ist in § 556 a Abs. 1 Satz 2 BGB geregelt, dass diese Betriebskosten nach einem Maßstab umzulegen sind, der dem unterschiedlichen Verbrauch und der unterschiedlichen Verursachung Rechnung trägt. Der Frischwasserverbrauch kann nicht mehr nach der Wohnfläche umgelegt werden, da bei einer pauschalen Abrechnung der Frischwasserkosten nach der Wohnfläche nicht berücksichtigt wird, ob Wohnungen von einer einzelnen Person oder einer mehrköpfigen Familie bewohnt werden. Im Mietvertrag muss auch zukünftig weiterhin genau vereinbart werden, welcher Umlageschlüssel gewählt wird.

TIPP

Wasser- und Stromkosten sollte man immer aufgrund separater Messeinrichtungen, die nur für die Wohnung des Mieters bestimmt sind, umlegen. Heizkosten sind nach der Heizkostenverordnung sowieso durch Erfassungsgeräte nach dem individuellen Verbrauch des Mieters zu berechnen. Die anderen Betriebskosten sollten nach Quadratmetern Wohnfläche umgelegt werden.

Die Vereinbarung im Mietvertrag, dass die Betriebskosten nach Quadratmeter Wohnfläche umgelegt werden, führt zur vereinfachten Abrechnung für den Vermieter. Würden die Betriebskosten nach der Personenzahl umgelegt, könnte daher der Abrechnungsmodus bei größeren Wohneinheiten schwierig werden, wenn ein häufiger Mieterwechsel stattfindet. Zudem kann es Schwierigkeiten geben, wenn ein Mieter beispielsweise ein oder zwei Untermieter in die Wohnung aufgenommen hat, ohne dass dies der Vermieter zunächst erfahren hat. Verbrauchsabhängige Kosten müssen daher durch separate Messeinrichtungen erfasst werden.

Heizkostenverordnung beachten

Hinsichtlich der Heizkosten ist die Heizkostenverordnung zwingend. Jeder Vermieter muss danach den jeweiligen Verbrauch der Mieter an Wärmeeinheiten und Warmwasser erfassen. Eine Ausnahme besteht nur für Häuser mit nicht mehr als zwei Wohnungen, von denen eine der Vermieter selbst bewohnt (§ 2 Heizkostenverordnung). Wenn also der Vermieter das Erdgeschoss bewohnt und der Mieter das Dachgeschoss, dann muss der Vermieter *keine* Verbrauchserfassung durchführen.

TIPP

Um Streitigkeiten zu vermeiden, ist es auch beim selbst genutzten Zweifamilienhaus für den Vermieter sinnvoll, die Heiz- und Warmwasserkosten nach Verbrauch umzulegen.

Vorauszahlung oder Pauschale

Wenn man die Betriebskosten benannt hat, die der Mieter zahlen soll, dann muss der Vermieter auch den Betrag vereinbaren, den der Mieter für die auf das Haus entfallenden Betriebskosten monatlich im Voraus entrichten muss. Hierbei wird zwischen Vorauszahlung und Pauschale unterschieden (§ 556 Abs. 2 BGB).

Vorauszahlung: Damit ist eine variable Kostenumlage gemeint. Die sich verändernden Betriebskosten werden in der Höhe umgelegt, in der sie anfallen. Erhöhungen (oder Ermäßigungen) werden an den Mieter weitergegeben. Der Vermieter muss die Vorauszahlung abrechnen und Nachforderungen stellen bzw. ein Guthaben auszahlen.

Pauschale gilt alle Ansprüche ab

Pauschale: Mit der Zahlung einer Pauschale sind die Ansprüche des Vermieters auf die Betriebskosten abgegolten, egal ob der Pauschalbetrag ausreichend ist oder nicht. Hat der Vermieter eine Bruttomiete oder eine Pauschale vereinbart, muss er bei dieser Abrechnungsart für die gesamte Dauer der Mietzeit bleiben. Allerdings kann ein Mieter die Herabsetzung einer zu hohen Pauschale gerichtlich erzwingen.

Vorauszahlung empfehlenswert

Als Vermieter sollte man daher immer eine Vorauszahlung vereinbaren und diese auch ausdrücklich so benennen. Die Höhe der Vorauszahlung orientiert sich an den voraussichtlich entstehenden Betriebskosten. Die Höhe der Vorauszahlung sollte genau bestimmt werden, z. B. mit der Formulierung „Die Vorauszahlung beträgt monatlich zurzeit für Heizkosten … €, für übrige Betriebskosten … €."

Angemessene Höhe

Die Vorauszahlung kann nur in angemessener Höhe vereinbart werden (§ 556 Abs. 2 Satz 2 BGB), darf aber zwischen 10 und 15 % über den zu erwartenden Betriebskosten liegen. Haben sich jedoch die Betriebskosten im Verlauf des Mietverhältnisses vermindert, ist der Vermieter verpflichtet, die Vorauszahlung vom Zeitpunkt der Betriebskostenermäßigung an entsprechend zu mindern. Achtung: Eine Vorauszahlung können Sie als Vermieter aber immer nur verlangen, wenn Sie dies im Mietvertrag schriftlich vereinbart haben.

TIPP

Verwenden Sie in Mietverträgen nie das Wort Pauschale.

Die Heiz- und Betriebskostenabrechnung

Gesamtkosten, Verteilerschlüssel, Mieteranteil

Über die Vorauszahlungen für Betriebskosten ist jährlich abzurechnen (§ 556 Abs. 3 BGB). Die Abrechnung muss dem Mieter spätestens bis zum zwölften Monat nach Ende des Abrechnungszeitraumes mitgeteilt werden. Diese Ausschlussfrist ist für den Vermieter wichtig, denn nach Ablauf der zwölf Monate kann der Vermieter Nachforderungen gegenüber dem Mieter nicht mehr geltend machen. Eine Nachforderung, die zwölf Monate nach Ende des Abrechnungszeitraumes erhoben wird, ist nur dann möglich, wenn der Vermieter die verspätete Geltendmachung nicht zu vertreten hat.

Einwendungsausschluss des Mieters
Neu ist, dass der Mieter Einwendungen gegen die Abrechnung spätestens bis zum Ablauf des zwölften Monats nach Zugang der Abrechnung mitzuteilen hat (§ 556 Abs. 3 Satz 5 BGB). Damit diese Frist für den Mieter in Lauf gesetzt wird, ist es notwendig, dass der Vermieter einen Zugangsnachweis für die Betriebskostenabrechnung hat (Empfangsbekenntnis durch den Mieter), denn ansonsten kann er den Lauf der Ausschlussfrist nicht beweisen.

Welche Kosten können im Einzelnen abgerechnet werden?

1. Die laufenden öffentlichen Lasten des Grundstücks:
   - Grundsteuerbeträge,
   - Grundsteuererhöhungsbeträge.

Nicht: Hypothekengewinnabgabe, Anlieger-, Erschließungs-, und Straßenbaugebühren.

2. Die Kosten der Wasserversorgung:
   - Wasserverbrauchskosten,
   - Grundgebühren und die Zählermiete für die Wasserzähler,
   - Kosten für die Verwendung von Zwischenzählern,
   - Wasseraufbereitungskosten,
   - Strom, Wartung und Pflegekosten für diese Anlagen,
   - Stromkosten für eine Wasserpumpe.

3. Die Kosten der Entwässerung:
   - Gebühren für die Haus- und Grundstücksentwässerung, Kanalgebühren,

- Abfuhr des Klärschlamms,
- Betriebs- und Wartungskosten der Entwässerungspumpe.

4. Die Kosten des Betriebs der zentralen Heizungsanlage, u. a.:
   - Brennstoffkosten,
   - Brennstofflieferungskosten,
   - Kosten der Heizungsbedienung,
   - Kosten der Überwachung, Pflege und Wartung,
   - Kosten der Prüfung der Betriebsbereitschaft und Sicherheit,
   - Kosten der Einstellung der Heizung,
   - Kosten der Reinigung der Anlage,
   - Kosten der Reinigung des Betriebsraumes,
   - Kosten der Messung nach dem Bundes-Immissionsschutzgesetz,
   - Kosten der Verwendung einer Ausstattung zur Verbrauchserfassung (Miete von Wärmezähler, Heizkostenverteiler; Kauf und Einbau sind kostenmäßig nach § 559 BGB mit 11 % der Anschaffungskosten pro Jahr umzulegen),
   - Kosten der Berechnung und Aufteilung der Heizkosten.

   Kosten des Betriebs eines zentralen Gas- und Öltanks, der sich auf dem Grundstück befindet:
   - Kosten der verbrauchten Brennstoffe,
   - Kosten der Lieferung des Betriebsstroms,
   - Kosten der Überwachung und Reinigung der Anlage und des Betriebsraumes.

   Sonstige Kosten der Reinigung und Wartung:
   - Kosten der Schornsteinreinigung,
   - Kosten der Beseitigung von Wasserablagerungen und Verbrennungsrückständen,

- Kosten der regelmäßigen Prüfung der Betriebsbereitschaft,
- Kosten der regelmäßigen Prüfung der Betriebssicherheit.

5. Warmwasserkosten:
   - Kosten des Betriebs der zentralen Warmwasserversorgungsanlage,
   - Kosten der eigenständig gewerblichen Lieferung von Warmwasser,
   - Kosten der Reinigung und Wartung von Warmwassergeräten,
   - Kosten der Beseitigung von Wasserablagerungen und Verbrennungsrückständen.

Dies gilt auch für die Kosten der verbundenen Heizungs- und Warmwasserversorgungsanlagen.

6. Die Kosten des Betriebs der maschinellen Personen- oder Lastenaufzüge:
   - Kosten des Betriebsstroms,
   - Kosten der Beaufsichtigung und der Bedienung,
   - Kosten der Überwachung und Pflege der Anlage,
   - Kosten der regelmäßigen Prüfung ihrer Betriebssicherheit einschließlich der Einstellung durch einen Fachmann,
   - Kosten der Reinigung der Anlage.

7. Die Kosten der Straßenreinigung und Müllabfuhr:
   - Gebühren für die öffentliche Straßenreinigung,
   - Gebühren für die öffentliche Müllabfuhr,
   - Kosten für Firmen, die auf privater Basis die Straßenreinigung und Müllabfuhr übernehmen,
   - Kosten für das Schneeräumen und das Streuen im Winter.

8. Die Kosten der Hausreinigung und Ungezieferbekämpfung:
   - Kosten der Säuberung der von den Bewohnern gemeinsam genutzten Gebäudeteile wie Zugänge, Flure, Treppen, Keller, Bodenräume, Waschküchen,
   - Fahrkorb des Aufzuges,
   - Kosten der Reinigung der Gemeinschaftsfenster.

9. Die Kosten der Gartenpflege:
   - Kosten der Pflege gärtnerisch angelegter Flächen (auch Rasenmähen),
   - Kosten der Erneuerung von Pflanzen und Hölzern,
   - Kosten der Pflege von Spielplätzen,
   - Kosten der Erneuerung von Sand,
   - Kosten der Pflege von Plätzen, Zugängen und Zufahrten, die dem nicht öffentlichen Verkehr dienen und sich auf dem Grundstück befinden.

10. Die Kosten der Beleuchtung:
    - Kosten des Stroms für die Außenbeleuchtung,
    - Kosten des Stroms für die Innenbeleuchtung der Gemeinschaftsflächen wie z. B. Zugänge, Flure, Treppen, Keller, Bodenräume und Waschküchen.

11. Die Kosten der Schornsteinreinigung:
    - Kosten des Kaminkehrers.

12. Die Kosten der Sach- und Haftpflichtversicherung:
    - Feuerversicherung,
    - Sturmversicherung,
    - Wasserschädenversicherung,
    - Glasversicherung,
    - Haftpflichtversicherung für das Gebäude,

- Versicherung für den Öltank,
- Versicherung für den Aufzug.

Nicht: Kosten der Rechtsschutzversicherung und der Hausratversicherung.

13. Die Kosten für den Hauswart/Hausmeister:
    - Vergütung,
    - Sozialbeiträge und alle geldwerten Leistungen, die der Eigentümer (Erbbauberechtigte) dem Hauswart für seine Arbeit gewährt, soweit diese nicht die Instandhaltung, Instandsetzung, Erneuerung, Schönheitsreparaturen oder die Hausverwaltung betreffen.

Nicht: Kosten für den Hausverwalter.

14. Die Kosten der Antennenanlage:
    - Kosten des Betriebs der *Gemeinschafts*antennenanlage,
    - Kosten des Betriebsstroms,
    - Kosten der regelmäßigen Prüfung der Betriebsbereitschaft,
    - Kosten der Einstellung durch einen Fachmann,
    - Nutzungsentgelt für eine nicht zur Wirtschaftseinheit gehörende Antennenanlage

    oder
    - Kosten des Betriebs der mit einem *Breitbandkabelnetz* verbundenen privaten Verteileranlage (Kosten einschließlich der monatlichen Grundgebühren).

15. Die Kosten der maschinellen Wascheinrichtungen (Waschmaschinen, Wäscheschleudern, Trockengeräte, Trockenschränke, gegebenenfalls auch Bügelmaschinen; *Voraussetzung:* Alle Bewohner des Mietshauses können die Geräte benutzen):
    - Kosten des Betriebsstroms und des verbrauchten Wassers,
    - Kosten der Überwachung,

- Kosten der Pflege,
- Kosten der Reinigung der maschinellen Einrichtung,
- Kosten der regelmäßigen Prüfung ihrer Betriebsbereitschaft und -sicherheit.

16. Sonstige Betriebskosten (im Mietvertrag als umlagefähig konkret vereinbart und nicht unter Ziffer 1 bis 15 genannt):
    - Kosten für Dachrinnenreinigung,
    - Kosten für Müllschlucker, Müllabsauganlagen,
    - Kosten für Wartung und Prüfung der Feuerlöscher.

TIPP

Da die Gerichte immer schärfere Anforderungen an die Begründungspflicht der Vermieter stellen, ist es häufig angebracht, professionelle Beratung durch den örtlichen Haus- und Grundeigentümerverband oder durch einen Rechtsanwalt in Anspruch zu nehmen.

In Ihrer Betriebskostenabrechnung müssen Sie eine geordnete Zusammenstellung der Gesamtkosten, die Angabe und Erläuterung des Verteilerschlüssels, die Berechnung der Anteils des Mieters und die Vorauszahlung des Mieters aufführen. Eine Zusammenstellung der Einzelkosten und eine Aufzählung der einzelnen Rechnungen mit Datum sind entbehrlich (KG Berlin, NZM 1998, 620; OLG Brandenburg, WM 1999, 107 (109)). Alle angesetzten Kostenarten müssen einzeln bezeichnet werden. Bei der Betriebskostenabrechnung gegenüber Ihrem Mieter können und dürfen Sie natürlich nur die Kosten umlegen, die Sie im Einzelfall mit dem Mieter als umlagefähig vereinbart haben. Eine korrekte Abrechnung entnehmen Sie dem folgenden Musterbrief.

Anhand dieser Abrechnung wird deutlich, dass es sinnvoll ist, bei den Vorauszahlungen zwischen der Vorauszahlung der Betriebskosten und der Heizkosten zu unterscheiden.

MUSTERBRIEF

Familie Wilfried und Brigitte Meyer 30. März 2002
Am Gericht 12
34599 Bad Zwesten

Familie
Walter und Lina Stillebein
Stichstraße 15/4
34117 Kassel

Betriebskostenabrechnung 2001 für Ihre Wohnung im Haus Stichstr. 15 im 4. Stock links

Sehr geehrte Frau Stillebein, sehr geehrter Herr Stillebein,

die im Mietvertrag vereinbarten umlagefähigen Kosten rechnen wir für den Zeitraum 1. Januar 2001 bis 31. Dezember 2001 wie folgt ab:

1. Kanalgebühren, Abwasser (gemäß Bescheid der Stadtverwaltung vom ... sowie Änderungsbescheid vom ...) 1.356,17 €
2. Treppenhausstrom (Zähler Nummer ...) gemäß Rechnung Stadtwerke vom ...) 76,80 €
3. Müllabfuhr (gemäß Bescheid der Stadtverwaltung vom ...) 825,00 €
4. Straßenreinigung (gemäß Bescheid der Stadtverwaltung vom ...) 218,00 €
5. Schornsteinfeger (gemäß Rechnung des Schornsteinfegermeisters XYZ vom ...) 147,20 €
6. Sach- und Haftpflichtversicherung
   a) Feuerversicherung (gemäß Rechnung der Brandkasse vom ...) 188,00 €
   b) Gebäudehaftpflichtversicherung (gemäß Rechnung der Versicherungs AG vom ...) 256,00 €
7. Grundsteuer (gemäß Bescheid vom ...) 406,00 €

8. Gartenpflege
(gemäß Rechnung des Gartenbaubetriebes vom ...) 114,00 €
9. Schneebeseitigung
(gemäß Streumittelrechnung vom ...) 26,00 €
10. Hausreinigung (gemäß Rechnung
der Reinigungsfirma Sauber vom...) 840,25 €

Gesamtkosten für das Haus **4453,42 €**

Gemäß Mietvertrag erfolgt die Verteilung der Betriebskosten nach Quadratmetern; bei einer Gesamtfläche des Hauses von 380 qm ergeben sich Kosten von 11,72 € je qm und Jahr, bezogen auf Ihre Wohnungsgröße von 75 qm ergeben sich dann umlagefähige Kosten in Höhe von 878,96 €
Frischwasserkosten gem. Verbrauch
64,68 cm^3 x 5,20 € 336,34 €
Gesamtkosten 1215,30 €
abzüglich Ihrer Vorauszahlungen 12 x 90,00 € 1080,00 €
Nachzahlungsbetrag auf die Betriebskosten **135,30 €**

Über die Heizkostenabrechnung überreiche ich beigefügt die Abrechnung der Heizungsfirma Heiß & Wasser.

Die Abrechnung hinsichtlich der Heizkosten sieht wie folgt aus:
Umlagefähige Heizkosten für Ihre Wohnung gemäß Abrechnung
1717,50 €
abzüglich Ihrer Vorauszahlung auf die Heizkosten
12 x 140,00 € 1680,00 €
Nachzahlungsbetrag **37,50 €**
Wir bitten um Überweisung des gesamten Nachzahlungsbetrages in Höhe von 172,80 €
Die Abrechnungsbelege können bei uns jederzeit eingesehen werden.

Mit freundlichen Grüßen

W. und B. Meyer

Da wegen der Heizkostenabrechnung sowieso eine Firma einzuschalten ist, die die Messgeräte installiert, wird auf die Abrechnung der Heizkosten nicht weiter eingegangen. Die Messfirmen unterhalten einen eigenen Abrechnungsdienst, der die Heizkostenabrechnung dann gemäß den gesetzlichen Bestimmungen durchführt. Diese Abrechnung kann ohne weitere Änderung zur Abrechnung der Heizkosten gegenüber dem Mieter benutzt werden.

Heizkostenabrechnung durch Messfirma

Achtung: Schönheitsreparaturen

Besonders wichtig ist es, im Mietvertrag die Kosten für Schönheitsreparaturen zu regeln. Die regelmäßige Durchführung von Schönheitsreparaturen gehört nach § 535 Abs. 1 BGB an sich zu den Pflichten des Vermieters. Im Rahmen der Mietrechtsreform wurde ausdrücklich davon abgesehen, eine gesetzliche Regelung zu den Schönheitsreparaturen einzufügen, da die Vorteile einer gesetzlichen Regelung die damit verbundenen Nachteile nicht aufwiegen. Daher hat die zu den Schönheitsreparaturen bisher ergangene Rechtsprechung auch weiterhin Bedeutung.

INFO

Fehlt eine Vereinbarung im Mietvertrag, nach der ein Mieter die regelmäßigen Schönheitsreparaturen durchführen muss, so kann man vom Mieter weder während der Dauer des Mietverhältnisses noch am Ende die Durchführung von Schönheitsreparaturen verlangen.

Die Vereinbarung „die Schönheitsreparaturen trägt der Mieter“ ist so eindeutig, dass der Mieter die laufenden Schönheitsreparaturen durchführen muss. Wenn im Mietvertrag der Begriff der Schönheitsreparaturen nicht näher bezeichnet ist, dann umfassen diese in Anlehnung an eine Entscheidung des Bundesgerichtshofs (BGHZ, Band 92 Seite 363, 368) folgende Maßnahmen:

Vereinbarung im Mietvertrag

- Tapezieren, Anstreichen oder Kalken der Wände,
- Tapezieren, Anstreichen oder Kalken der Decken,
- Streichen der Fußböden,
- Streichen der Heizkörper einschließlich Heizrohre,
- Streichen der Innentüren,
- Streichen der Fenster und Außentüren von innen

Keine Schönheitsreparaturen

Der Mieter ist also nur verpflichtet, Maler- und Tapezierarbeiten durchzuführen, um die Mieträume im äußeren Anschein ansehnlich herzurichten. Er ist jedoch nicht verpflichtet, Reparaturen an der Bausubstanz, Erneuerung des Putzes oder des Mauerwerks, Instandsetzung von Türen, Fenstern oder Installationen durchzuführen. Nicht zu den Schönheitsreparaturen gehört nach der Rechtsprechung das Abschleifen und Versiegeln von Parkettböden oder die Erneuerung eines durch den normalen Gebrauch abgenutzten Teppichbodens. Die Reinigung des Teppichbodens muss jedoch ein Mieter tragen.

INFO

Beschädigt aber der Mieter fahrlässig oder vorsätzlich das Mauerwerk oder den Teppichboden, so ist er natürlich zur Schadenbeseitigung verpflichtet.

Fristen

Bei Schönheitsreparaturen müssen folgende Fristen eingehalten bzw. ein Fristenplan vereinbart werden. Danach sollten

- Küche, Bäder, Toiletten und Duschen nach drei Jahren,
- Wohn- und Schlafräume nach fünf Jahren,
- Flure, Dielen nach fünf Jahren und
- alle anderen Räume nach sieben Jahren renoviert werden.

Obwohl der Bundesgerichtshof (BGHZ, Band 92, Seite 363) zu dem Ergebnis gekommen ist, dass sich diese Fristen durch Auslegung ermitteln lassen, zeigt die Erfahrung, dass Amtsgerichte teilweise die konkrete Vereinbarung von Fristen zur Durchführung von Schönheitsreparaturen fordern.

TIPP

Ein Fristenplan gehört daher zum notwendigen Bestandteil eines Mietvertrages.

Sie müssen allerdings darauf verweisen, dass der Fristenplan nur einen ungefähren Maßstab für die Verpflichtung des Mieters darstellt.

Objektiver Renovierungsbedarf

Zunächst einmal ist der objektive Renovierungsbedarf der Wohnung festzustellen. Ergibt sich daraus, dass nach Ablauf der vertraglich vereinbarten Renovierungsfrist sich z. B. das Schlafzimmer in einem tadellosen neuwertigen Zustand befindet, so kann eine Renovierung unterbleiben. Dies wird unter Umständen am Einzelfall entschieden.

Der Bundesgerichtshof ist jedoch der Auffassung, dass ein starrer Fristenplan mit angemessenen Fristen wirksam ist (BGHZ, Band 101, Seite 253 ff.).

TIPP

Als Vermieter sollten Sie auf Formularmietverträge zurückgreifen, die das Problem der Schönheitsreparaturen schon umfassend regeln, da die vom Mieter durchzuführenden Arbeiten dann im Einzelnen aufgeführt sind und ein Fristenplan schon im Formular enthalten ist.

Vorsicht bei Zusatzvereinbarungen

Es muss hier unbedingt davor gewarnt werden, eigene, vom Formularmietvertrag abweichende Vereinbarungen noch zusätzlich in den Mietvertrag einzubringen. Die Gefahr liegt darin, dass Sie als juristischer Laie die Bedeutung der Zusatzvereinbarung im Verhältnis zum vorgedruckten Text nicht richtig ermessen. Es könnte der Fall eintreten, dass sich die vorgedruckte Regelung und die zusätzliche schriftliche Vereinbarung für die Schönheitsreparaturen widersprechen, und dies hätte zur Folge, dass die Regelungen des Mietvertrages unwirksam sind. Widersprechende Klauseln gehen immer zu Lasten des Vermieters. Im schlimmsten Fall kann man bei widersprechenden Klauseln vom Mieter keine Schönheitsreparaturen verlangen und Sie als Vermieter bleiben unter Umständen auf mehreren Tausend Euro Renovierungskosten sitzen.

Hier ein Vorschlag für eine wirksame Vereinbarung zur Übernahme der Schönheitsreparaturen durch den Mieter (bestätigt durch BGH, NZM 1998, Seite 710).

a) Der Mieter ist verpflichtet, auf seine Kosten die Schönheitsreparaturen (das Tapezieren, Anstreichen oder Kalken der Wände und Decken, das Streichen der Fußböden, Heizkörper einschließlich Heizrohre, der Innentüren sowie der Fenster und Außentüren von innen) in den Mieträumen, wenn erforderlich, mindestens aber in der nachstehenden Reihenfolge fachgerecht auszuführen. Naturlasiertes Holzwerk darf nicht mit Farbe behandelt werden.

Die Zeitfolge beträgt:
- bei Küche, Bad und Toilette – drei Jahre,
- bei allen übrigen Räumen – fünf Jahre.

Diese Fristen werden berechnet vom Zeitpunkt des Beginns des Mietverhältnisses bzw., soweit Schönheitsreparaturen nach diesem Zeitpunkt von dem Mieter fachgerecht durchgeführt worden sind, von diesem Zeitpunkt an.

Der Mieter hat ferner vom Vermieter gestellte Textilböden bei Bedarf, spätestens aber alle drei Jahre, fachgerecht reinigen zu lassen.

b) Der Mieter ist auch bei Beendigung des Mietverhältnisses verpflichtet, Schönheitsreparaturen durchzuführen, wenn die Fristen nach a) seit der Übergabe der Mietsache bzw. seit den letzten durchgeführten Schönheitsreparaturen verstrichen sind.

c) Bei Beendigung des Mietverhältnisses hat der Mieter die Wohnung in fachgerecht renoviertem Zustand zu übergeben. Weist der Mieter jedoch nach, dass die letzten Schönheitsreparaturen innerhalb der oben genannten Fristen – zurückgerechnet vom Zeitpunkt der Beendigung des Mietverhältnisse – durchgeführt worden sind, und befindet sich die Wohnung in einem einer normalen Abnutzung entsprechenden Zustand, so muss er anteilig den Betrag an den Vermieter zahlen, der aufzuwenden wäre, wenn die Wohnung im Zeitpunkt der Vertragsbeendigung renoviert würde; dasselbe gilt, wenn und soweit bei Vertragsbeendigung die obigen Fristen seit Beginn des Mietverhältnisses noch nicht vollendet sind. Als Preisgrundlage gilt das Angebot einer anerkannten Firma. Der Mieter kann die Zahlungsverpflichtung dadurch abwenden, dass er die Schönheitsreparaturen fachgerecht selbst durchführt.

Bei Beendigung des Mietverhältnisses ist der Mieter verpflichtet, Dübeleinsätze zu entfernen, Löcher ordnungsgemäß und unkenntlich zu verschließen, soweit nicht das Anbringen von Bohrlöchern und Dübeln zum vertragsgemäßen Gebrauch der Mietsache unerlässlich war. Veränderungen dieser Art, denen der Vermieter nicht ausdrücklich zugestimmt hat oder bei Wahrung seiner berechtigten Interessen nicht hätte zustimmen müssen, verpflichten den Mieter zum Schadenersatz.

Reparaturklauseln in Formularmietverträgen

In vielen Mietverträgen ist festgelegt, dass sich der Mieter in bestimmten Fällen an den Kosten für die Durchführung von Reparaturen beteiligen muss. Dies betrifft Reparaturen an Teilen des Mietgegenstandes, die seiner unmittelbaren Einwirkung unterliegen, wie Haussprechanlagen, Wasserhähne, Fenster- und Türverschlüsse, Wasch- und Abflussbecken einschließlich der Zu- und Ableitungen usw.

Kosten, die der Mieter trägt

Der Mieter kann aber lediglich verpflichtet werden, die Kosten für kleinere Reparaturen zu tragen. Eine solche Klausel ist nach der Rechtsprechung des Bundesgerichtshofes unter bestimmten Voraussetzungen zulässig (BGH, DWW 1989, Seite 195 ff):

- Die Reparaturklausel muss auf Teile der Wohnung beschränkt sein, die häufig dem Zugriff des Mieters ausgesetzt sind, wie z.B. Installationsgegenstände für Elektrizität, Gas, Wasser-, Heiz- und Kocheinrichtungen sowie die oben genannten Einrichtungen.
- Rohre und elektrische Leitungen oder solche Gegenstände, mit denen der Mieter so gut wie nicht in Berührung kommt, dürfen nicht darunter fallen.
- Der Aufwand muss mit einem Höchstbetrag je Einzelfall festgelegt werden. Es waren Regelungen zulässig, in denen Kleinbetragsreparaturen bis zu einem Betrag von 150 DM vom Mieter zu tragen waren.
- Weiterhin muss vereinbart werden, dass eine jährliche Begrenzung der gesamten Kosten der Kleinbetragsreparaturen besteht („Kleinreparaturklausel“).

TIPP

Diese jährliche Begrenzung ist in den neuesten Formularmietverträgen auf 8 % der Jahresnettomiete festgelegt.
Achten Sie als Vermieter darauf, dass diese Begrenzung in den Mietvertrag aufgenommen wird.

Da die Rechtsprechung Formularmietverträge als „Allgemeine Geschäftsbedingungen" einstuft, unterliegen diese Verträge der ständigen Überprüfung daraufhin, ob sie gegen die Vorschriften des „Gesetzes zur Regelung der Allgemeinen Geschäftsbedingungen" (AGBG) verstoßen.

Auch die „Kleinreparaturklausel" wird regelmäßig von der Rechtssprechung auf ihre Wirksamkeit überprüft, sodass insbesondere Vereinbarungen in älteren Formularmietverträgen unwirksam sein könnten. Derzeit wird eine wirksame Vereinbarung in einem Formularmietvertrag zur Kleinreparaturklausel wie folgt lauten:

VERTRAG

a) Verschuldensunabhängig hat der Mieter die Kosten für kleinere Instandhaltungs- und Instandsetzungsarbeiten an den Installationsgegenständen für Elektrizität, Wasser und Gas, den Heiz- und Kocheinrichtungen, den Fenster- und Türverschlüssen sowie den Verschlussvorrichtungen von Fensterläden, soweit sie seiner unmittelbaren Einwirkung unterliegen, im Einzelfall bis zu einem Betrag von ... € zu tragen.
b) Die Verpflichtung des Mieters zur Durchführung von Sach-, Dienst- und Geldleistungen nach Punkt a) dieser Regelung ist auf jährlich 8 % der Jahresnettomiete beschränkt.

Sie müssen auf jeden Fall den Betrag noch einsetzen. Derzeit dürfte ein Betrag von 70 bis 80 € je Einzelfall zulässig sein.

Kaution zu Ihrer Sicherheit

Die Kaution sichert Ansprüche des Vermieters gegen den Mieter, sei es auf Miete, Schadenersatz wegen Beschädigung der Mietsache oder Schönheitsreparaturen.

TIPP

Diese Sicherheitszahlung muss im Mietvertrag festgelegt werden. Fehlt eine derartige schriftliche Vereinbarung im unterzeichneten Mietvertrag, kann der Vermieter keine entsprechende Nachforderung an den Mieter stellen.

Die Kaution – ein kleines Sicherheitspolster

Es ist unbedingt zu empfehlen, dass Sie mit Ihrem Mieter die Zahlung einer entsprechenden Kaution vereinbaren; Sie erhöhen damit Ihre Sicherheit.

Dies wird am Beispiel einer fristlosen Kündigung wegen Zahlungsverzuges deutlich: Da Miete und Betriebskosten jeweils bis zum 3. Werktag eines jeden Monats im Voraus zu zahlen sind, könnten Sie Ihrem Mieter erst dann fristlos kündigen, wenn er mit zwei Mieten für zwei aufeinander folgende Termine im Verzug ist. Nachdem die zweite Miete nicht gezahlt wurde, könnten Sie dann die Kündigung aussprechen.

Erst danach könnten Sie Räumungsklage erheben. Zwischen der Einreichung der Räumungsklage und der Entscheidung des Gerichts vergehen teilweise noch einige Monate. Ihr Verlust würde dann dadurch etwas gemildert, dass Sie Ihre Ansprüche auf Zahlung der Miete mit der Kaution verrechnen könnten.

TIPP

Nehmen Sie die Kaution während der Dauer des Mietverhältnisses möglichst nie in Anspruch, um eine rückständige Miete auszugleichen. Sie hätten dann zwar einen Anspruch gegen den Mieter auf Auffüllung der Kaution, müssten jedoch erst wieder auf die Zahlung für diese Auffüllung dringen und gegebenenfalls müssen Sie klagen.

Wie hoch darf die Kaution sein?

Nach § 551 BGB

- darf die Kaution höchstens das Dreifache der auf einen Monat entfallenden Miete betragen;
- Betriebskosten dürfen – egal ob sie als Pauschale oder Vorauszahlung ausgewiesen sind – nicht in die Berechnung der Kaution einbezogen werden.

Mietkautionskonto

Der Mieter ist berechtigt, die Kaution in drei gleichen monatlichen Teilbeträgen zu zahlen, wobei der erste Teilbetrag zu Beginn des Mietverhältnisses fällig ist. Die Kaution ist bei einem Mietverhältnis über Wohnraum vom Vermieter auf einem besonderen Konto bei einem Kreditinstitut für Spareinlagen mit dreimonatiger Kündigungsfrist bei üblichem Zinssatz anzulegen. Andere Anlageformen können zwischen den Vertragsparteien vereinbart werden.

In allen Fällen muss die Anlage vom Vermögen des Vermieters getrennt erfolgen. Die Erträge aus dem Angesparten stehen dem Mieter zu. Jegliche zum Nachteil des Mieters abweichende Vereinbarung ist unwirksam.

Bei Wohnraum in einem Studenten- oder Jugendwohnheim besteht für den Vermieter keine Pflicht, die Sicherheitsleistung zu verzinsen. Der Mieter kann auch jederzeit vom Vermieter einen Nachweis über die Anlage der Kaution verlangen. Die Zinsen aus der Anlage der Kaution muss der Mieter versteuern.

TIPP

Bisweilen werden Kautionssparbücher so angelegt, dass Vermieter und Mieter nur gemeinsam darüber verfügen können. Davor ist zu warnen. Wollen Sie als Vermieter über ein derartiges Gemeinschaftskonto verfügen, müssten Sie erst die Zustimmung Ihres Mieters haben. Verweigert er diese, dann müssen Sie erst auf Zustimmung klagen.

Folgende Regelung muss mit der Bank vereinbart sein: „Dieses Mietkautionskonto ist nicht dafür bestimmt, eigenen Zwecken des Kontoinhabers zu dienen; es dient nur der Einzahlung der Mietkaution. Nur der Vermieter ist der Bank gegenüber allein verfügungsbefugt. Die Bank wird bei diesem Mietkautionskonto weder das Recht der Aufrechnung noch ein Pfand- oder Zurückbehaltungsrecht geltend machen, es sein denn, es liegen Forderungen vor, die in Bezug auf das Mietkautionskonto selbst entstanden sind. Dieser Verzicht entfällt, sobald das Konto nicht mehr als Mietkautionskonto geführt wird."

INFO

Wenn ein Vermieter die Kaution nicht auf ein Kautionskonto mit gesetzlicher Kündigungsfrist einzahlt, das von seinem Vermögen eindeutig getrennt ist, kann er sich strafbar machen, da die Rechtsprechung dies als Untreue ansieht. Wichtig ist es, dem Mieter die Möglichkeit zu lassen, die Kaution in drei Raten zu zahlen. Wenn Sie vereinbaren, dass der Mieter die Kaution in einer Summe vor Übergabe des Schlüssels zahlen muss, ist dies unwirksam. Die unwirksame Vereinbarung führt dazu, dass der Mieter keine Kaution zahlen muss!

Die Miete

Juristisch korrekt heißt das Entgelt für die Raumüberlassung jetzt „Miete".

Die Miethöhe – ein „Spiel ohne Grenzen"?

Frei finanzierte Wohnungen

Die Höhe der Miete wird für nicht preisgebundene Wohnungen (frei finanzierte Wohnungen) bei Abschluss des Mietvertrages generell frei vereinbart, d. h. zwischen Vermieter und Mieter frei ausgehandelt. Die Höhe kann man jedoch nicht beliebig vereinbaren. Hier müssen Richtwerte eingehalten werden.

Ortsübliche Vergleichsmiete

Es gibt eine Grenze, die auf der Höhe der „ortsüblichen Vergleichsmiete" liegt. Die „ortsübliche Vergleichsmiete" ist die Miete, die in der Gemeinde für die Vermietung von nicht preisgebundenem Wohnraum vergleichbarer Art, Größe, Ausstattung, Beschaffenheit und Lage in den letzten vier Jahren vereinbart oder – von den Erhöhungen der Betriebskosten gemäß § 560 BGB abgesehen – geändert worden ist.

Mietspiegel

Nur in den Gemeinden, in denen ein Mietspiegel von der Gemeinde oder von Interessenvertretern der Vermieter und der Mieter gemeinsam erstellt oder anerkannt worden ist, kann der Vermieter durch einen Blick in diesen Mietspiegel die für sein Mietobjekt vergleichbare ortsübliche Miete feststellen. Nicht jede Gemeinde hat aber einen derartigen Mietspiegel. In diesen Fällen wird die richtige „ortsübliche Vergleichsmiete" dann durch einen öffentlich bestellten oder vereidigten Sachverständigen ermittelt.

TIPP

Nun muss nicht jeder Vermieter vor Abschluss eines Mietvertrages ein entsprechendes Sachverständigengutachten einholen. Allerdings ist es notwendig, dass man sich an der ortsüblichen Vergleichsmiete orientiert, beispielsweise durch einen Blick in den Immobilienteil der örtlichen Tageszeitung.

Vorsicht bei der Miethöhe

Verlangt man als Vermieter eine deutlich zu hohe Miete, so läuft man Gefahr, eine Ordnungswidrigkeit oder eine Straftat zu begehen:

- Nach § 5 Wirtschaftsstrafgesetz handelt derjenige ordnungswidrig, der vorsätzlich oder leichtfertig für die Vermietung von Räumen zum Wohnen unangemessen hohe Entgelte fordert. Dies wäre dann der Fall, wenn die Miete die ortsübliche Vergleichsmiete um mehr als 20 % überschreitet.
- Nach § 302a Strafgesetzbuch macht sich ein Vermieter dann strafbar, wenn er unter Ausnutzung einer Zwangslage oder Unerfahrenheit bei der Vermietung von Wohnräumen eine Miete fordert, die in einem auffälligen Missverhältnis zu seiner Leistung als Vermieter steht (Wucher).

Wuchergrenze

Nach einer Entscheidung des Bundesgerichtshofes ist die „Wuchergrenze" dann überschritten, wenn die vereinbarte Miete die ortsübliche Vergleichsmiete um 50 % überschreitet.

Übrigens: Wenn nachfolgend von Miete gesprochen wird, dann handelt es sich dabei immer um die „Nettomiete", d. h. den Betrag, den der Vermieter für die Überlassung des Wohnraumes erhält. Die Vorauszahlung auf die Betriebskosten ist nicht einbezogen.

Die Mieterhöhung – Grenzen sind gesetzt

Mietanpassung

Der Vermieter kann die Miete nicht einseitig nach Belieben erhöhen. Im Regelfall ist eine Anpassung der Nettomiete innerhalb eines Jahres nur möglich, wenn der Mieter zustimmt.

Grundsätzlich sind Mieterhöhungen aufgrund einer Vereinbarung oder durch Gesetz möglich. § 557 Abs. 1 BGB ermöglicht es, jederzeit durch schriftliche Vereinbarung die Miete zu erhöhen – sofern der Mieter die schriftliche Vereinbarung unterzeichnet.

Darüber hinaus können die Vertragsparteien auch künftige Änderungen der Miethöhe als „Staffelmiete" nach dem § 557 a BGB oder als „Indexmiete" nach § 557 b BGB vereinbaren. Sofern der Mieter zu einer Vereinbarung nicht bereit ist, regelt § 557 Abs. 3 BGB: „Im Übrigen kann der Vermieter Mieterhöhung nach Maßgabe der §§ 558 bis 560 BGB verlangen, soweit nicht eine Erhöhung durch Vereinbarung ausgeschlossen ist oder sich der Ausschluss aus den Umständen ergibt."

Ausschluss der Mieterhöhung

Damit ein Vermieter die Miete erhöhen kann, darf die Möglichkeit zur Mieterhöhung nicht im Mietvertrag ausgeschlossen sein. Darüber hinaus darf sich auch nicht „aus den Umständen" ergeben, dass eine Mieterhöhung ausgeschlossen sein soll. Zur Auslegung des Begriffes „Ausschluss aus den Umständen" wird man noch auf die alte Rechtsprechung zum Zeitmietvertrag zurückgreifen können.

Zeitmietvertrag

Die Rechtsprechung hatte für den echten Zeitmietvertrag folgende Entscheidung getroffen: „Ist in einem befristeten Mietvertrag über die Frage der Erhöhungsmöglichkeit der Miete keine Vereinbarung getroffen worden, gilt grundsätzlich, dass das Mieterhöhungsrecht dem Vermieter nicht zusteht." (LG Baden-Baden, WM 1984, Seite 86)

TIPP

In einem Zeitmietvertrag muss als ausdrückliche, zweifelsfreie und eindeutige Vereinbarung enthalten sein, dass der Vermieter trotz Befristung des Mietvertrages zur Mieterhöhung berechtigt sein soll.

Mieterhöhung trotz Zeitmietvertrag

Eine Formulierung im Mietvertrag lautet dann: „Änderung der Miete: Auch bei einem befristeten Mietverhältnis sind Mieterhöhungen zulässig." Derartige Formulierungen finden sich auch in Formularmietverträgen. In der Rechtsprechung ist jedoch umstritten, ob diese Mieterhöhungsmöglichkeit formularmäßig vereinbart werden darf oder nicht.

TIPP

Wer als Vermieter sichergehen und bei einem Zeitmietvertrag die Möglichkeit zur Erhöhung der Miete erhalten will, sollte durch eine individuelle Zusatzvereinbarung im Mietvertrag vereinbaren, dass er trotz Befristung des Vertrages zur Mieterhöhung berechtigt ist.

Diese Formulierung im Mietvertrag könnte dann lauten: „Der Vermieter ist berechtigt, nach einem Jahr Wohndauer die Miethöhe der ortsüblichen Vergleichsmiete anzupassen."

Die Staffelmiete

Vereinbarung bindend

Eine einfache Möglichkeit zur Erhöhung der Miete ist die Vereinbarung der so genannten Staffelmiete. Nach § 557a BGB kann die vom Mieter zu zahlende Mieterhöhung bereits im Voraus bestimmt und vertraglich vereinbart werden. Der Vorteil ist, dass für beide Seiten die künftige Mietentwicklung überschaubar und kalkulierbar wird.

Vorsicht: Wird eine Staffelmiete entsprechend den gesetzlichen Bestimmungen vereinbart, dann ist daneben jede weitere Mieterhöhung gem. §§ 558–559 b BGB ausgeschlossen. Vereinbaren daher Sie als Vermieter eine zu niedrige Staffelmiete, so haben Sie Nachteile. Im Übrigen kann das Kündigungsrecht des Mieters für höchstens vier Jahre seit Abschluss der Staffelmietvereinbarung ausgeschlossen werden (§ 557 a Abs. 3 BGB).

TIPP

Die Staffelmietvereinbarung muss schriftlich vereinbart werden. Es müssen die Zeiträume, für die die jeweilige Miethöhe gelten soll, und auch die jeweiligen Miethöhen angegeben werden. Die bloße Feststellung, dass sich die Miete jedes Jahr zu einem bestimmten Stichtag um einen bestimmten Prozentsatz erhöhen soll, reicht nicht aus. Wichtig ist auch, dass die Zeitabstände zwischen den einzelnen Staffeln mindestens ein Jahr betragen, sonst ist die Staffelmietvereinbarung unwirksam.

BEISPIEL

Beispiel für eine wirksame Staffelmietvereinbarung

Die Miete beträgt mit Beginn des Mietverhältnisses am 1. September 2002 1 000,00 €.

Ab 1. September 2003 beträgt die Nettomiete	1 100,00 €
Ab 1. September 2004 beträgt die Nettomiete	1 250,00 €
Ab 1. September 2005 beträgt die Nettomiete	1 300,00 €
Ab 1. Dezember 2006 beträgt die Nettomiete	1 425,00 €

Die Zeitabstände zwischen den Mieterhöhungen können unterschiedlich lang sein – nur die Laufzeit zwischen zwei Erhöhungen muss mindestens ein Jahr betragen. Auch die Mietsteigerungen sind in den Grenzen von Mietpreisüberhöhung und Mietwucher frei vereinbar.

INFO

Die Staffelmiete ist klar und eindeutig, aber auch starr und unflexibel, weil sie zugleich den Ausschluss jeder anderen Mieterhöhung mit sich bringt. Bei einer Fehleinschätzung (zu niedrige Erhöhungssätze, die durch eine Inflation aufgefressen werden) kann ein Vermieter während der Laufzeit die Staffelmietvereinbarung nicht korrigieren.

Wie Sie die Miete erhöhen können

Erhöhung der Miete aufgrund von Vergleichsmieten

Drei Vergleichsmieten

Die am häufigsten genutzte Möglichkeit, die Miete für eine Wohnung zu erhöhen, ist die Erhöhung der Miete gemäß §§ 558, 558a Abs. 2 Ziff. 4 BGB durch Benennung von drei Vergleichswohnungen. Diese Möglichkeit wird im Folgenden geschildert.

Die Miete kann man dann erhöhen, „wenn die Miete … seit einem Jahr unverändert ist. Ein Jahr lang muss die Miete unverändert geblieben sein, bevor der Vermieter überhaupt sein Mieterhöhungsverlangen stellen kann. Ein bereits vor Ablauf dieser Jahresfrist zugegangenes Mieterhöhungsverlangen ist unwirksam" (BGH, Rechtsentscheid, DWW 1993, Seite 230 ff.).

Sperrfrist

Dabei beginnt die Sperrfrist erst mit dem Wirksamwerden der letzten Mieterhöhung, nicht mit der Stellung des letzten Mieterhöhungsverlangens. Eine weitere Voraussetzung ist, dass die verlangte Miete die ortsübliche Vergleichsmiete nicht übersteigt.

Die ortsübliche Vergleichsmiete ist gemäß § 558 Abs. 2 BGB der Betrag, der in der Gemeinde oder in vergleichbaren Gemeinden für Wohnraum in vergleichbarer Art, Größe, Ausstattung, Beschaffenheit und Lage in den letzten vier Jahren als Miete vereinbart oder geändert worden ist. Wohnraum, bei dem die Miethöhe durch Gesetz oder im Zusammenhang mit einer Förderzusage festgelegt worden ist, kann zum Vergleich nicht herangezogen werden.

Stichtag für die Ermittlung dieser ortsüblichen Vergleichsmiete ist der Tag des Zugangs des Mieterhöhungsverlangens beim Mieter, d. h., wenn das Schreiben des Vermieters beim Mieter eintrifft. **Stichtag**

TIPP

Es ist nicht ausreichend, in einem Mieterhöhungsverlangen allein auf die ortsübliche Vergleichsmiete zu verweisen.

Vorsicht: Ein Erhöhungsschreiben mit folgendem Inhalt ist unwirksam: „Ihre Miete ist seit mehr als zwei Jahren unverändert und die ortsübliche Vergleichsmiete beträgt nunmehr 7,25 € je qm. Sie zahlen aber nur 6,25 € je qm, sodass ich Ihre Miete ab 1. Oktober 2003 um 1,00 € auf 7,25 € je qm erhöhe."

Die „ortsübliche Vergleichsmiete" ist in dem Mieterhöhungsverlangen dem Mieter zu erklären und zu begründen. Zur Begründung kann Bezug genommen werden auf

- einen Mietspiegel (§ 558 c BGB),
- einen qualifizierten Mietspiegel (§ 558 d BGB),
- eine Auskunft aus einer Mietdatenbank (§ 558 e BGB),
- ein mit Gründen versehenes Gutachten eines öffentlich bestellten und vereidigten Sachverständigen,
- Benennung von mindestens drei vergleichbaren Wohnungen mit den Entgelten.

INFO

Untaugliche und damit rechtlich unwirksame Begründungsmittel sind:

- Mietkataster der Gemeinden,
- Mietpreisübersichten des Finanzamtes,
- Verkehrswertgutachten über das Grundstück.

Berechnung der Vergleichsmiete

Die ortsübliche Vergleichsmiete wird in Euro pro qm angegeben. Dieser Wert wird mit der tatsächlichen Wohnfläche der konkreten Wohnung multipliziert und ergibt dann die Höhe der Miete, die der Vermieter fordern kann. Wichtig ist, dass man mit der Wohnungsgröße rechnet, die die Wohnung tatsächlich hat. Auf die Angabe der Wohnfläche im Mietvertrag kann man regelmäßig nicht zurückgreifen, da diese Angabe oft nicht richtig ist.

Den Mietspiegel anwenden

Mietspiegel muss anerkannt sein

Wenn Sie in einer Gemeinde wohnen, die einen Mietspiegel aufgestellt hat, können Sie jederzeit auf die im Mietspiegel genannten Werte zurückgreifen. Voraussetzung dafür ist, dass der Mietspiegel von der Gemeinde oder von Interessenvertretern der Vermieter und der Mieter gemeinsam erstellt oder anerkannt worden ist (§ 558 c BGB).

INFO

Wer die Mieterhöhung auf einen Mietspiegel stützt, muss die Bezugspunkte für die Einstufung im Mietspiegel genau benennen, damit der Mieter in der Lage ist, die Berechnung der neuen Miete nachzuvollziehen. Daher ist dringend zu empfehlen, dem Mieterhöhungsverlangen eine Kopie des Mietspiegels beizufügen und dort deutlich zu kennzeichnen, was für die Wohnung maßgeblich ist.

Wohnung richtig einordnen

Folgendes sollten Sie beachten: Es ist unbedingt erforderlich, die Wohnung auch in die richtige Kategorie einzuordnen. Maßgeblich für die Einordnung ist auch der Umfang der Mietsache, wie sie der Vermieter dem Mieter zur Verfügung gestellt hat. Wer als Vermieter eine Wohnung ohne Heizung und/oder Bad vermietet hat, kann sich natürlich nicht auf Kategorie „Wohnung mit Heizung und/oder Bad“ beziehen, wenn der Mieter Bad und Heizung selbst eingebaut hat. Bei der Erstellung des richtigen Mieterhöhungsverlangens wird ein Vermieter unter Umständen Hilfe brauchen, die örtliche Haus- und Grundeigentümervereine (siehe die wichtigsten Adressen im Anhang auf Seite 175) anbieten.

TIPP

Fragen Sie bei der Gemeinde oder beim örtlichen Haus- und Grundeigentümerverein, ob es für Ihre Gemeinde einen Mietspiegel gibt.

Der qualifizierte Mietspiegel

Als Begründungsmittel für eine Mieterhöhung gilt auch der qualifizierte Mietspiegel (§ 558 d BGB). Dieser Mietspiegel wird nach anerkannten wissenschaftlichen Grundsätzen erstellt und von der Gemeinde oder von Interessenvertretern der Vermieter und Mieter anerkannt. Dies birgt viel Zündstoff für die Zukunft, denn: Was ist ein nach „anerkannten wissenschaftlichen Grundsätzen erstellter Mietspiegel“?

Wichtig in diesem Zusammenhang: Gemäß § 558 d Abs. 3 BGB wird von Gesetzes wegen vermutet, dass die im „qualifizierten Mietspiegel“ bezeichneten Entgelte die ortsübliche Vergleichsmiete wiedergeben. Diese Vermutungswirkung hat auch Auswirkungen auf die Form der Mieterhöhungserklärung und führt zu gesteigerten Anforderungen an ihre Form.

Gibt es nämlich für die Gemeinde einen „qualifizierten Mietspiegel“ und bezieht sich der Vermieter in seiner Mieterhöhungserklärung auf einen einfachen Mietspiegel, auf eine Mietdatenbank, ein Gutachten oder auf drei Vergleichswohnungen und will er dann die Miete erhöhen, so muss er noch zusätzlich die Vergleichsmieten, die dem qualifizierten Mietspiegel zu entnehmen sind, angeben (§ 558 a Abs. 3 BGB).

Der Vermieter kann, wenn er der Auffassung ist, dass in seinem Fall die ortsübliche Vergleichsmiete für die betreffende Wohnung höher ist als im qualifizierten Mietspiegel angegeben, die begehrte Mieterhöhung auf drei Vergleichswohnungen stützen. Er muss in diesem Mieterhöhungsverlangen aber den Mieter auch auf den im qualifizierten Mietspiegel für die Wohnung angegebenen Wert oder die Spanne hinweisen, damit der Mieter erkennen kann, dass ein qualifizierter Mietspiegel besteht und welche Mieterhöhung danach zulässig wäre. Der Mieter kann dann anhand des qualifizierten Mietspiegels und der vom Vermieter zusätzlich gegebenen Begründung prüfen, in welchem Umfang er die Mieterhöhung für berechtigt hält oder ob er ihr zustimmen möchte.

Enthält der qualifizierte Mietspiegel überhaupt keine Angaben für die konkrete Wohnung oder genügt er nicht den gesetzlichen Anforderungen, ist der Vermieter in der Wahl des Begründungsmittels frei.

Mietdatenbank

Mietdatenbank

Der Vermieter kann in der Begründung der Mieterhöhung auch auf eine Mietdatenbank zurückgreifen (§ 558e BGB). Eine Mietdatenbank ist eine zur Ermittlung der ortsüblichen Vergleichsmiete fortlaufend geführte Sammlung von Mieten, die von der Gemeinde oder von Interessenvertretern der Vermieter und Mieter gemeinsam geführt oder anerkannt wird und aus der Auskünfte gegeben werden, die für einzelne Wohnungen einen Schluss auf die ortsübliche Vergleichsmiete zulassen.

Das Sachverständigengutachten – nötig zur Ermittlung der Vergleichsmiete

Sicher, aber teuer

Die sicherste – und teuerste – Möglichkeit, das Mieterhöhungsverlangen zu begründen, bietet ein Sachverständigengutachten. Denn der Sachverständige wird in der Regel vorher die Wohnung besichtigen und speziell hierfür ein konkretes Mietwertgutachten erstellen. Dieses Gutachten muss dann dem Erhöhungsverlangen beigefügt werden (Gründe sind zu nennen!). Nachteil: Der Sachverständige verlangt für die Erstellung seines Gutachtens die übliche Vergütung; je nach Zeitaufwand werden 500,00 € überschritten. Diese Kosten sind aber vom Mieter nicht zu erstatten.

TIPP

Es ist ausreichend, wenn ein Sachverständiger bei mehreren gleichartigen Wohnungstypen eine Wohnung besichtigt und dann ein entsprechendes Gutachten für diesen Wohnungstyp abgibt.
Ein Sachverständigengutachten eignet sich also für die Durchsetzung mehrerer Mieterhöhungen bei mehreren gleichartigen Wohnungen.

Zeitnah und sachkompetent

Ein Gutachten muss im Übrigen zeitnah erstellt worden sein; ein veraltetes Gutachten reicht nicht aus. Eine „Verfallszeit" kann man nicht pauschal angeben. Als fachlich qualifiziert gilt ein öffentlich bestellter und vereidigter Sachverständiger für die Bewertung von Mieten und Pachten.

Vergleichswohnungen

Mindestens drei Wohnungen

Weitaus häufiger wird jedoch der Vermieter zur Begründung seines Mieterhöhungsverlangens auf die Benennung von drei vergleichbaren Wohnungen zurückgreifen, deren Mieten in den letzten vier Jahren neu vereinbart oder erhöht worden sind. Sie müssen mindestens drei Wohnungen benennen, es können aber durchaus mehr sein; ein oder zwei Wohnungen mehr sind sogar zu empfehlen. Sie sind dann gegen so genannte Ausreißer – Objekte, die nicht als Vergleichswohnungen anerkannt werden – abgesichert.

Bestreitet nämlich der Mieter die Vergleichbarkeit der benannten Wohnungen, so wird das Gericht zunächst ein Gutachten zur Frage einholen, ob das Mieterhöhungsverlangen überhaupt wirksam ist, also, ob die benannten Wohnungen wirklich vergleichbar sind.

TIPP

Da es in der Rechtsprechung der örtlichen Amts- und Landgerichte erhebliche Unterschiede bezüglich der Vergleichbarkeit gibt, empfiehlt es sich, schon im Vorfeld fachkundigen Rat einzuholen.

Billigste Wohnung setzt Limit

Wenn Vergleichswohnungen benannt werden, bei denen unterschiedliche Mieten pro qm genommen werden, dann ist es die niedrigste Vergleichsmiete, auf die der Vermieter die Miete erhöhen kann. Bei unterschiedlichen Miethöhen je qm wird also keine „Durchschnittsmiete" errechnet. Die Vergleichswohnungen müssen in Art, Größe, Ausstattung, Beschaffenheit und Lage der betreffenden Wohnung entsprechen.

Folgende Einstufungen sind zu beachten:

Vergleichsmerkmal „Art"

Dieses Merkmal bezieht sich auf den Gebäude- und Wohnungstyp.

- Ein Einfamilienhaus oder Bungalow ist nicht mit Wohnungen im Mehrfamilienhaus oder Hochhaus vergleichbar.
- Handelt es sich um eine abgeschlossene Wohnung oder nicht?
- Handelt es sich um eine Wohnung im Souterrain oder eine Wohnung im Penthouse?
- Die Art des Wohnraumes wird auch durch die Einstufung in Alt- und Neubau bestimmt. Im Einzelfall können auch Neubauwohnungen und umfassend renovierte Altbauwohnungen vergleichbar sein (LG Bochum, WuM 1982, Seite 18).

Vergleichsmerkmal „Wohnungsgröße"

Sowohl von der Wohnfläche als auch von der Zahl der Wohnräume müssen die Wohnungen vergleichbar sein: Eine Zwei-Zimmer-Wohnung darf also auch nur mit einer anderen Zwei-Zimmer-Wohnung verglichen werden. Berechnet wird die tatsächliche und nicht die im Mietvertrag vereinbarte Wohnfläche. Loggia und Balkon werden bei der Wohnfläche höchstens mit der Hälfte angerechnet.

Erhebliche Größenabweichungen (bis zu 48 %) der Vergleichsobjekte machen das Zustimmungsverlangen jedoch nicht unzulässig (OLG Schleswig, WM 1987, Seite 140 ff.).

Dieser Rechtsentscheid wird aber nicht von allen Amtsgerichten berücksichtigt.

Vergleichsmerkmal „Ausstattung"

Hierzu gehören alle vom Vermieter eingebauten oder eingerichteten Teile wie zum Beispiel Heizungsart (Ofenheizung, Gasheizung, Gaseinzelöfen, Zentralheizung), Kücheneinrichtung, Sanitäreinrichtung (Bad mit WC, Dusche mit WC, Bad und separates WC), Fußböden (PVC oder Teppichboden, Parkett, Bodenfliesen). Zur Ausstattung gehören auch eine vom Vermieter gestellte Möblierung sowie Gemeinschaftseinrichtungen, wie z. B. ein Fahrstuhl.

Wohnungen mit einer Gaszentralheizung sind nicht vergleichbar mit denen, die über Außenwandgaseinzelöfen verfügen und die im Bad mit einem Elektrostrahler beheizt werden. Auch sind Einfachverglasungen nicht mit Thermopaneverglasungen vergleichbar.

TIPP

Alle diese Ausstattungsmerkmale müssen vom Vermieter und nicht vom Mieter eingebaut worden sein.

Vergleichsmerkmal „Beschaffenheit“

Hier kommt es auf die Bauweise, den Zuschnitt und den baulichen Erhaltungszustand der Wohnung und des Hauses an. Wohnungen, in denen sich so genannte gefangene Räume befinden (Räume, die nicht direkt vom Flur aus betreten werden können, sondern nur über ein anderes Zimmer), sind von geringerem Mietwert.

Vergleichsmerkmal „Lage“

Hier sind die Verhältnisse des Wohngebietes, in dem die Wohnung liegt, von Bedeutung, nämlich:

- Stadtzentrum oder -rand,
- Wohn- oder Gewerbegebiet,
- Beeinträchtigung durch Lärm, Staub, Geruch oder aber zahlreiche Frei- und Grünflächen,
- Verkehrsanbindung.

Auch Infrastruktur berücksichtigen

Zusätzlich zu diesen Wohnwertmerkmalen muss auch die Infrastruktur – Verkehrsanbindung, Schule, Kindergarten, Spielplatz, Krankenhäuser usw. – berücksichtigt werden.

INFO

Bei schriftlicher Formulierung des Mieterhöhungsverlangens kommt es auf eine annähernde Vergleichbarkeit an.

Wo finden Sie Vergleichswohnungen?

Fremde oder eigene Wohnungen?

Der Vermieter darf bei der Benennung von Vergleichswohnungen auf Wohnungen aus dem eigenen Bestand oder auf solche aus dem gleichen Haus zurückgreifen.

Der Vermieter, der beispielsweise über ein Achtfamilienhaus mit identischen und damit vergleichbaren Wohnungen verfügt, kann drei Wohnungen mit höheren Mieten zum Vergleich heranziehen und so die Mieten bei den anderen Wohnungen anpassen.

Der Vermieter, der nur über einen geringeren Wohnungsbestand oder gar nur über eine Wohnung verfügt, muss auf fremde Vergleichsmieten in gleichen oder ähnlichen Häusern zurückgreifen. Sofern Sie Bekannte haben, die ebenfalls vermieten, sollten Sie natürlich zunächst dort nach Vergleichswohnungen suchen.

Haus- und Grundeigentümervereine fragen

Wer auf diese Weise nicht die notwendigen Vergleichswohnungen findet, kann sich bei den örtlichen Haus- und Grundeigentümervereinen über vergleichbare Wohnungen informieren. Allein aus datenschutzrechtlichen Gründen dürfen die Haus- und Grundeigentümervereine jedoch Vergleichsmieten nicht an unbeteiligte Dritte herausgeben. Es ist daher notwendig, Mitglied im Verein zu werden.

Der Inhalt der Mieterhöhungserklärung bei Vergleichswohnungen

Vergleichswohnungen genau nennen

Wenn man eine Mieterhöhung aufgrund der drei Vergleichswohnungen durchführen will, so muss man die Vergleichswohnungen im Mieterhöhungsschreiben so präzise wie möglich benennen. Der Mieter muss in die Lage versetzt werden, die Angaben des Vermieters zu überprüfen und sich selbst ein Bild zu machen.

Auf Seite 68 folgt ein Beispiel für ein Mieterhöhungsschreiben bei Vergleichswohnungen, das auch von einem sehr strengen Richter anerkannt werden sollte.

Erhöht werden soll die Miete für eine 3-Zimmer-Wohnung in einem Achtfamilienhaus, Baujahr 1973, ausgestattet mit Isolierverglasung, Teppichboden, Gasetagenheizung und mit einer Wohnfläche von 80 qm.

MUSTERBRIEF

Familie Wilfried und Brigitte Meier
Am Gericht 12
34699 Bad Zwesten

Einschreiben mit Rückschein

Fam.
Walter u. Lina Schnell
Stichstr. 15/4

34117 Kassel — Bad Zwesten, 15. Januar 2002

Anpassung der Miete an die ortsübliche Vergleichsmiete

Sehr geehrte Frau Schnell, sehr geehrter Herr Schnell,

aufgrund des ständig gestiegenen Unterhaltungsaufwands für Ihre Mietwohnung machen wir von dem gesetzlich vorgeschriebenen Mieterhöhungsverfahren Gebrauch.
Nach § 558 BGB haben wir Ihnen gegenüber einen Rechtsanspruch auf Erhöhung der bisherigen Nettomiete, wenn die Miete seit einem Jahr unverändert ist und die verlangte Miete die üblichen Entgelte, die in der Gemeinde für Wohnungen vergleichbarer Art, Größe, Ausstattung, Beschaffenheit und Lage gezahlt werden, nicht übersteigt.
Die Miete für Ihre Wohnung ohne Betriebskosten (das heißt ohne Umlagen für Heizung, Wasser, Kanal, Schornsteinfeger, Müll usw.) beträgt zur Zeit monatlich 580,00 €. Dies entspricht einer Nettomiete von 7,25 € je Quadratmeter Wohnfläche und Monat, bezogen auf 80 qm. Die ortsübliche Vergleichsmiete, zu deren Nachweis nach dem Willen des Gesetzgebers die Benennung von drei anderen vergleichbaren Wohnungen genügt, beträgt 8,25 € je Quadratmeter und Monat.
Das ist bei folgenden vergleichbaren Objekten festzustellen:

1. Wohnung Talstr. 17 in Kassel, 1. Obergeschoss links, Achtfamilienhaus, drei Zimmer, Küche, Bad, separates WC, Baujahr 1975, Gaszentralheizung, Isolierverglasung, Parkettfußboden im Wohnzimmer, Wohnfläche 105 qm. Die monatliche Miete beträgt hier seit Oktober 2000 934,50 € ohne Betriebskosten. Das ergibt eine Nettomiete von 8,90 € pro qm und Monat.
2. Wohnung Seestr. 7 in Kassel, 2. Obergeschoss rechts, Sechsfamilienhaus, drei Zimmer, Küche, Bad, Zentralheizung, Isolierverglasung, Teppichböden, Baujahr 1980, Wohnfläche 85 qm. Die monatliche Miete beträgt hier seit Januar 2000 701,25 € monatlich ohne Betriebskosten. Das ergibt eine Nettomiete von 8,25 € pro qm und Monat.
3. Wohnung Waldstr. 17 in Kassel, Erdgeschoss rechts, Sechsfamilienhaus, Baujahr 1982, drei Zimmer, Küche, Bad, Etagenheizung, Isolierverglasung, Wohnfläche 92 qm. Die monatliche Miete beträgt hier 782,00 € ohne Betriebskosten. Das ergibt eine Nettomiete von 8,50 € pro qm und Monat, erhoben seit November 2001.

Die oben näher bezeichneten Wohnungen sind hinsichtlich der Art, Größe, Ausstattung, Beschaffenheit und Lage mit Ihrer Wohnung vergleichbar.
Unter Zugrundelegung der vorgenannten Vergleichsmieten bitten wir Sie, einer Erhöhung der Miete von bisher 580,00 € auf 660,00 € – Nebenabgaben wie bisher – ab 1. April 2002 zuzustimmen und uns diese Zustimmung auf der beigefügten Durchschrift bis zum 31. März 2002 zu bestätigen.
Geht innerhalb der genannten Frist Ihre Zustimmung nicht ein, so muss ich die Mieterhöhung gerichtlich geltend machen.

Vorsorglich weise ich Sie darauf hin, dass die Miete zum Zeitpunkt der Erhöhung seit 15 Monaten unverändert ist und in Kassel kein qualifizierter Mietspiegel existiert.

Mit freundlichen Grüßen
Wilfried Meier Brigitte Meier
Anlage: eine Anerkennung für Mieterhöhung
(Beide Vermieter müssen unterschreiben!)

MUSTERBRIEF

für die Anerkennung einer Mieterhöhung

Fam. Walter u. Lina Schnell
Stichstr. 15/4
34117 Kassel

An Eheleute
Wilfried und Brigitte Meier
Am Gericht 12

34699 Bad Zwesten

Einverständniserklärung

Mit der geforderten Mieterhöhung auf 660,00 € – ab 1. Dezember 2002 – sind wir, die unterzeichnenden Eheleute Lina und Walter Schnell, einverstanden.

Kassel, ...

Lina Schnell　　　　Walter Schnell

TIPP

Bei den Anforderungen an die Bezeichnung der Vergleichswohnungen im Mieterhöhungsverlangen gibt es starke regionale Unterschiede. Als Vermieter sollten Sie aber immer auf Nummer sicher gehen und daher die Vergleichswohnungen so genau wie möglich benennen.

Obwohl der Vermieter im vorliegenden Beispiel Vergleichswohnungen benannt hat, bei denen die Miete höher als 8,50 € liegt, kann er die Miete jedoch nur auf den Betrag von 8,25 € je Quadratmeter und Monat erhöhen, weil die Miete der Wohnung 2 nur 8,25 € je Quadratmeter beträgt. Der Vermieter kann nur auf die niedrigste Miete, nämlich 8,25 € je Quadratmeter, erhöhen, obwohl er an sich unter Berücksichtigung der zwanzigprozentigen Kappungsgrenze 696,00 € Monatsmiete – dies entspricht 8,70 € je Quadratmeter und Monat – verlangen könnte.

TIPP

Beachten Sie bitte, dass nur solche Vergleichswohnungen herangezogen werden können, bei denen die Miete in den letzten vier Jahren – vor der ausgesprochenen Erhöhungserklärung – vereinbart oder geändert worden ist. Auf Mieten, die in davor liegenden Jahren vereinbart worden sind, darf man nicht zurückgreifen, auch wenn sie noch höher liegen.

Die Kappungsgrenze (§ 558 Abs. 3 BGB)

Maximal 20 % in drei Jahren

Abgesehen von der Wartefrist von einem Jahr gibt es bei den Mieterhöhungsverlangen noch weitere Bedingungen, die man zu beachten hat, nämlich die Wahrung der „Kappungsgrenze".

Kappungsgrenze bedeutet, dass der Vermieter die Nettomiete seiner Wohnung auch bei einer höheren ortsüblichen Vergleichsmiete nur um maximal 20 % innerhalb von drei Jahren erhöhen darf.

TIPP

Hat der Vermieter die für ihn maßgebende Kappungsgrenze ausgeschöpft, dann muss er bis zur nächsten Mieterhöhung drei Jahre warten; es sei denn, er begründet die Erhöhung mit einer umfangreichen Modernisierung der Wohnung. Schöpft der Vermieter die Kappungsgrenze teilweise aus, dann darf er innerhalb der folgenden Jahre nur noch den Unterschied bis zur Kappungsgrenze geltend machen. Wie der Vermieter die Miete innerhalb der drei Jahre erhöht, ist dabei gleichgültig.

Berechnung der Kappungsgrenze

So berechnen Sie die Kappungsgrenze: Wenn der Vermieter in dem auf Seite 68 f. genannten Beispiel nicht den Fehler gemacht hätte, die Wohnung 2 mit der zu geringen Miete zu benennen, so hätte er – mithilfe einer anderen Vergleichswohnung – die Miete theoretisch einmal um 20 % von 580,00 € auf 696,00 € erhöhen können.

Im Beispiel wäre auch folgende Alternative möglich: Ab 1. Dezember 2002 erhöht der Vermieter die Miete um 10 % auf 638,00 €. Ab 1. Februar 2004 (Sperrfrist beachten!) erhöht der Vermieter die Miete wiederum, diesmal um 10 % der Ausgangsmiete 638,00 € um 63,80 € auf eine neue Nettomiete von 701,80 €. Diese Miete darf er jedoch nicht verlangen, sondern nur 696,00 €, denn er hatte zum 1. Dezember 2002 bereits die Miete erhöht. Die Ausgangsmiete vom 580,00 € darf innerhalb eines Zeitraumes von drei Jahren nur um maximal 20 Prozent erhöht werden: 20 Prozent Erhöhung bezogen auf 580,00 € ergibt 696,00 €.

INFO

So ermitteln Sie die aktuelle Kappungsgrenze: Rechnen Sie vom Datum der Wirksamkeit der gerade abgesandten Mieterhöhung drei Jahre zurück. Auf die damals gezahlte Nettomiete schlagen Sie den zulässigen Prozentsatz von 20 % auf. Der errechnete Betrag entspricht dem maximal zulässigen Mieterhöhungsbetrag.

In diese Berechnung fließen aber nicht die Mieterhöhungen ein, die in dem Dreijahreszeitraum aufgrund von Modernisierung möglich sind. Wenn in einem Dreijahreszeitraum Mieterhöhungen wegen Modernisierung erfolgten, sind die entsprechenden Erhöhungsbeträge herauszurechnen. Die Miete wird bis zur Kappungsgrenze erhöht – natürlich unter Berücksichtigung der ortsüblichen Vergleichsmiete – und anschließend wird der vorher herausgerechnete Betrag aufgeschlagen.

Modernisierungskosten herausrechnen

Wenn der Vermieter den Kostenaufwand für eine Modernisierung in ein Mieterhöhungsverlangen einbezieht und die Anhebung der Miete auf die Vergleichsmiete nach dem Stand der durch die Modernisierung verbesserten Wohnung verlangt, so sind die an sich umlagefähigen Modernisierungskosten bei der Berechnung der Kappungsgrenze wieder herauszurechnen (Rechtsentscheid des OLG Hamm, NJW-RR 1993, Seite 399).

Der Vermieter muss also zwei Grenzen grundsätzlich berücksichtigen:

- die ortsübliche Vergleichsmiete und
- die Kappungsgrenze.

Unabhängig von der Kappungsgrenze sind die Grenzen für Mietpreisüberhöhung und Wucher (siehe Seite 54) zu beachten.

Sonderregelung

Sonderregelungen bestehen nach dem § 558 Abs.4 BGB für die Fälle, in denen der Mieter aufgrund der Vorschriften über Abbau der Fehlsubventionierung im Wohnungswesen zu einer Ausgleichszahlung, einer so genannten Fehlbelegungsabgabe, verpflichtet war und die Mieterhöhung nach § 558 BGB den Betrag der Fehlbelegungsabgabe nicht übersteigt. In diesem Fall sind die gesetzlichen Regelungen über die Kappungsgrenze insgesamt nicht anwendbar und der Vermieter kann die Miete ohne Rücksicht auf Kappungsgrenzen bis zur Höhe der bisherigen Fehlbelegungsabgabe des Mieters – mehrfach – erhöhen, begrenzt durch die ortsübliche Vergleichsmiete.

Fristen, die zu beachten sind

Wenn der Vermieter das Mieterhöhungsverlangen formuliert hat und es auch gelungen ist, die richtige Kappungsgrenze zu berechnen, muss er noch bestimmte Fristen beachten. Nach Zugang des Mieterhöhungsverlangens (der Vermieter muss den Zugang beweisen; siehe hierzu die entsprechenden Ausführungen zum Thema Kündigung auf Seite 86 ff.) hat der Mieter zunächst einmal eine Überlegungsfrist bis zum Ablauf des zweiten Kalendermonats nach Zugang des Mieterhöhungsverlangens (§ 558 b Abs. 2 BGB).

Mieter stimmt zu

Im vorliegenden Beispiel wurde der Brief am 15. September 2002 geschrieben und muss dem Mieter bis zum 30. September 2002 zugegangen sein. Dann muss der Mieter bis zum 30. November 2002 zustimmen, damit das Mieterhöhungsverlangen wirksam ist.

Nach Erteilung der Zustimmung (alle Mieter müssen ihr zustimmen!) schuldet der Mieter die neue, erhöhte Nettomiete vom Beginn des dritten Kalendermonats an, der auf den Zugang des Erhöhungsverlangens folgt, also ab 1. Dezember 2002 (§ 558 b Abs. 1 BGB).

Mieter stimmt nicht zu

Wenn der Mieter der Erhöhung nicht zustimmt, so muss der Vermieter bis zum Ablauf von weiteren drei Kalendermonaten auf Erteilung der Zustimmung klagen.

Klagefrist beachten

Im vorliegenden Beispielfall muss der Vermieter die Klage bis zum 28. Februar 2003 bei Gericht eingereicht und die Gerichtskosten eingezahlt haben, damit die Klage alsbald zugestellt wird. Versäumt der Vermieter die Klagefrist, so ist das Mieterhöhungsverlangen unwirksam. Der Vermieter kann den Fehler nicht mehr rückgängig machen. Er muss eine neue Mieterhöhungserklärung mit neuen Fristen abgeben.

INFO

Die genannte dreimonatige Klagefrist beginnt immer, wenn die Zustimmungsfrist des Mieters abgelaufen ist, also mit Ablauf des zweiten Kalendermonats, der auf den Zugang des Verlangens folgt. Setzt man dem Mieter als Vermieter eine längere Überlegungsfrist als die vollen zwei Monate, dann gilt trotzdem die Klagefrist des § 558 b Abs. 2 BGB.

Die Inklusivmiete = Nettomiete + Betriebskosten

Probleme bei Inklusivmiete

Wie den vorangegangenen Ausführungen zu entnehmen ist, kann man aufgrund des § 558 BGB die Nettomiete ohne Betriebskosten erhöhen. Teilweise ist in Mietverträgen jedoch keine Trennung zwischen der Nettomiete und Betriebskostenvorauszahlung vorgenommen worden (= Inklusivmiete). Dies ist schon dann gegeben, wenn der Vermieter neben der Nettomiete nur „Wasser, Abwasser und Müll“ umlegt. Alle anderen Betriebskosten (Schornsteinfeger, Versicherung, Grundsteuer usw.) sind dann nicht umlegbar und Teil der „Inklusivmiete“. Bei derartigen Mietverträgen ergeben sich dann zahlreiche Probleme bei der Ermittlung der ortsüblichen Vergleichsmiete und der Kappungsgrenze.

Zunächst einmal müssen aus der gegenwärtigen (Teil-)Inklusivmiete die darin enthaltenen Betriebskostenanteile herausgerechnet werden. Danach muss die echte Grundmiete bis zur ortsüblichen Vergleichsmiete (unter Berücksichtigung der Kappungsgrenze) erhöht werden und anschließend wird der vorher herausgerechnete Betriebskostenanteil auf die neue Grundmiete aufgeschlagen. Man erhält dann die neue (Teil-)Inklusivmiete.

Ablehnung wegen Mängeln

Bisher war die Rechtsprechung der Amts- und Landgerichte uneinheitlich. Aufgrund des Rechtsentscheids des OLG Frankfurt/Main (NZM 1999, 759) ist die Streitfrage jetzt entschieden: Gegenüber dem Mieterhöhungsverlangen kann sich der Mieter nicht auf ein Zurückbehaltungsrecht wegen Mängeln in der Mietsache berufen. Er muss der Mieterhöhung zustimmen. Allerdings kann der Mieter bei vorliegenden Mängeln dann die erhöhte Miete mindern.

TIPP

Erkundigen Sie sich bei Ihrem örtlichen Grundeigentümerverein nach der üblichen Rechtsprechung.

Klage

Wenn der Mieter dem Mieterhöhungsverlangen nicht zugestimmt hat, dann muss der Vermieter zunächst auf Zustimmung zur Mieterhöhung klagen. Das Gericht kann das Mieterhöhungsverlangen des Vermieters sowohl inhaltlich als auch hinsichtlich der Höhe der ortsüblichen Vergleichsmiete durch ein Sachverständigengutachten überprüfen. Kommt das Gericht zum Ergebnis, dass die Forderung des Vermieters berechtigt ist, dann wird der Mieter zur Zustimmung zur Mieterhöhung verurteilt. Gibt das Urteil der Klage ganz oder teilweise statt, so gilt im Umfang des Erfolges der Klage die Zustimmungserklärung des Mieters als abgegeben (§ 894 Zivilprozessordnung).

Dann schuldet der Mieter die erhöhte Miete von dem in § 558b Abs. 1 BGB genannten Zeitpunkt ab, im Beispiel (Seite 68 f.) ab 1. Dezember 2002.

Zahlt der Mieter nicht freiwillig, muss der Vermieter Zahlungsklage erheben. Zustimmungs- und Zahlungsklage können nicht miteinander verbunden werden.

Kündigungsrecht des Mieters

Bei der Mieterhöhung ist der Mieter berechtigt, bis zum Ablauf des zweiten Monats, der auf den Zugang des Erhöhungsverlangens folgt, für den Ablauf des übernächsten Monats zu kündigen (§ 561 BGB). Wenn der Mieter kündigt, kann keine Mieterhöhung erfolgen.

Kündigungsrecht des Vermieters

Auch der Vermieter hat dann ein Kündigungsrecht, wenn der Mieter zur Zahlung der erhöhten Miete verurteilt wurde, aber nicht zahlt. Wegen des Zahlungsverzuges des Mieters kann der Vermieter aber nicht vor Ablauf von zwei Monaten nach rechtskräftiger Verurteilung zur Zahlung der erhöhten Miete kündigen. Hat der Mieter die bisher schon geschuldete Miete nicht gezahlt, kann der Vermieter wegen dieses Mietrückstandes jederzeit kündigen.

Die Mieterhöhung bei Modernisierung

Was versteht man unter Modernisierung?

Verbesserter Wohnwert

Nach einer Modernisierung darf ein Vermieter die Miete erhöhen. Dazu kann er eine Mieterhöhung über das Vergleichsmietensystem aufgrund des verbesserten Wohnwertes wählen (§ 558 BGB). Der andere Weg führt über § 559 BGB, wenn der Vermieter bauliche Maßnahmen durchgeführt hat, die

- den Gebrauchswert der Mietsache nachhaltig erhöhen,
- die allgemeinen Wohnverhältnisse auf Dauer verbessern,
- nachhaltig Einsparungen von Energie oder Wasser bewirken (Modernisierung) oder
- wenn er „andere bauliche Maßnahmen aufgrund von Umständen, die er nicht zu vertreten hat", durchgeführt hat.

Höherer Gebrauchswert

Eine bauliche Maßnahme, die den Gebrauchswert der Wohnung nachhaltig erhöht, ist zum Beispiel

- der Einbau eines Bades,
- der Einbau einer Dusche,
- die Installation einer Wechselsprechanlage

in Wohnungen, in denen diese Ausstattungen bisher nicht vorhanden waren.

Nachhaltige Einsparung

Nachhaltige Einsparung von Energie ist dann gegeben, wenn

- anstelle von Einfachfenstern moderne Isolierglasfenster eingebaut werden,
- anstelle von Kohleeinzelöfen eine Gaszentralheizung oder ein Niedertemperaturkessel installiert wird.

Pflichthafte Veränderungen

Der dritte Grund für eine Erhöhung ist die Durchführung von baulichen Veränderungen, zu denen der Vermieter aufgrund gesetzlicher Bestimmungen und behördlicher Anordnungen gezwungen wird (z. B. Einbauten zur Verbesserung des Immissionsschutzes).

Erhöhung um 11 % pro Jahr

Der Vermieter kann 11 % der ihm entstandenen Kosten pro Jahr auf den Mietpreis umlegen. Er muss jedoch Folgendes beachten:

1. Werden im Zuge der Modernisierungsmaßnahmen Instandsetzungskosten erspart, die ansonsten erforderlich gewesen wären, muss der Vermieter die ersparten Instandsetzungskosten abziehen. Beispiel: Hätten die Rahmen der einfach verglasten Fenster teilweise instand gesetzt und gestrichen werden müssen, so muss der Vermieter beim Einbau von Wärmeschutzverglasung die voraussichtlich entstandenen Kosten für Streichen und Reparatur abziehen.
2. Zuschüsse oder Darlehen, die der Vermieter von Dritten erhält, sind von den in Rechnung gestellten Kosten abzuziehen (§ 559a BGB).

Beispiele:

- Der Vermieter eines Hauses an einer stark befahrenen Straße oder Autobahn erhält vom Staat einen Zuschuss für den Einbau von Schallschutzfenstern. Dieser Zuschuss ist abzuziehen.
- Ein zinsverbilligtes Darlehen muss in der Weise berücksichtigt werden, dass die Einsparung, die sich gegenüber dem üblichen Marktzins ergibt, vom Erhöhungsbetrag abzuziehen ist.
- Luxusmodernisierungen (z. B. Einbau eines Schwimmbades; keine Luxusmodernisierung, wenn Fensterrahmen aus Mahagoniholz statt aus Kiefernholz verwendet werden) sind vom Mieter nicht zu zahlen.
- Wirtschaftlichkeitsgesichtspunkt: Viele Gerichte verlangen, dass die Modernisierung unter wirtschaftlichen Aspekten sinnvoll ist.

Gebot der Wirtschaftlichkeit

Eine bauliche Maßnahme, die zur Einsparung von Heizenergie führen soll, verstößt gegen das Gebot der Wirtschaftlichkeit, wenn die hierauf gestützte Mieterhöhung die Einsparung an

Heizöl um mehr als 100 % übersteigt (Rechtsentscheid des OLG Karlsruhe, WM 1985, 17). In diesem Fall wird dem Vermieter zwar nicht der Mieterhöhungsanspruch vollständig versagt; es werden aber nur die Kosten als umlagefähig angesehen, die auch bei Berücksichtigung der Wirtschaftlichkeitsgrundsätze entstanden wären.

Auch bei dieser Mieterhöhung wird von der Rechtsprechung verlangt, dass die Mieterhöhung wegen Modernisierung die ortsübliche Vergleichsmiete nur um maximal 20 % überschreiten darf (siehe Seite 54: § 5 Wirtschaftsstrafgesetz).

Wie wird die Miete erhöht?

Eine Erhöhungserklärung wegen Modernisierung mit dem Satz „Nach Durchführung der Modernisierung der Heizung erhöhe ich unter Hinweis auf § 559 BGB die Miete ab 1. Oktober 2002 um 50,00 €“ ist unwirksam. Würde der Vermieter die notwendigen Formerfordernisse beachten, wäre der Mieter bei einer Mieterhöhung nach § 559 BGB unmittelbar zur Zahlung verpflichtet.

Aber Achtung: Bei dieser Mieterhöhungserklärung muss der Vermieter schon im Vorfeld tätig werden, weil er nämlich

a. die Modernisierungsmaßnahme dem Mieter schriftlich nach § 554 Abs. 3 BGB ankündigen muss,
b. dem Mieter die zu erwartende Erhöhung der Miete zugleich mitteilen muss.

Informationspflicht

Zu a.: Der Vermieter muss dem Mieter drei Monate vor Beginn der Modernisierungsmaßnahmen deren Art, Umfang, Beginn und voraussichtliche Dauer sowie die zu erwartende Mieterhöhung schriftlich mitteilen. Geschieht dies nicht, so muss der Mieter die Durchführung von Modernisierungsmaßnahmen nicht dulden. Zudem verzögert sich das

BEISPIEL

Der Vermieter will im August eine neue Heizung einbauen. Dann muss er spätestens bis zum 30. April des Jahres die Ankündigung der Mieterhöhung nebst Berechnung der voraussichtlichen Mieterhöhung an den Mieter abgeschickt haben. Wenn die Baumaßnahme im September beendet ist, dann kann der Vermieter die konkrete Mieterhöhung berechnen. Trifft der Brief im September ein, dann muss der Mieter die erhöhte Miete ab 1. Dezember zahlen.

Recht des Vermieters auf Durchführung der Mieterhöhung unmittelbar im Anschluss an die Beendigung der Modernisierung. Die richtige Ankündigung und Mieterhöhungserklärung des Vermieters hat die Wirkung, dass der Mieter die erhöhte Miete mit Beginn des dritten Monats nach Zugang der Erklärung schuldet. Diese Frist verlängert sich aber um sechs Monate, wenn der Vermieter die Ankündigung der Modernisierung und Erhöhung der Miete nicht ordnungsgemäß mitgeteilt hat (§ 559b Abs. 2 Satz 2 BGB).

Zu b.: Wenn der Vermieter die zu erwartende Mieterhöhung angibt, dann muss diese auch relativ genau sein, denn wenn die tatsächliche Mieterhöhung gegenüber der Mitteilung um mehr als 10 vom Hundert nach oben abweicht, verschiebt sich der Beginn der Mieterhöhung auch um 6 Monate.

BEISPIEL

Werden in einem gesamten Haus die Fenster modernisiert, diese sind aber in den einzelnen Wohnungen unterschiedlich groß, so können nur die Kosten für die in der jeweiligen Wohnung tatsächlich eingebauten Fenster umgelegt werden.

MUSTERBRIEF

Absender (alle Vermieter)

Anschrift der Mieter (alle Mieter aufführen) 20. September 2002

Einbau einer Heizungsanlage

Sehr geehrte/r ...,
mit Schreiben vom 15. April 2002 hatte ich Ihnen mitgeteilt, dass in Ihrer Wohnung die vorhandenen Kohleheizöfen gegen eine Gasetagenheizung ausgetauscht werden sollen. Zugleich hatte ich Ihnen die voraussichtliche Mieterhöhung genannt. Die Baumaßnahmen sind am 15. September 2002 beendet worden. In Ihrer Wohnung wurden die alten Kohleeinzelöfen entfernt, es wurden eine Gastherme gesetzt sowie in jedem Zimmer ein Heizkörper installiert.

Es handelt sich dabei um eine Maßnahme nach § 559 BGB, da der Gebrauchswert die Mietsache nachhaltig erhöht und die allgemeinen Wohnverhältnisse auf Dauer verbessert wurden.

Die Gesamtkosten belaufen sich wie folgt:

Entfernen und Entsorgen der Kohleeinzelöfen	1 020,00 €
Gastherme und Heizkörper samt Montage	6 540,00 €
Stemm- und Putzarbeiten für die Mauerdurchbrüche und verlegten Rohre	1 077,00 €
Gesamtaufwand	8 637,00 €
abzüglich Zuschuss der Stadt C-Dorf aus dem allgemeinen Sanierungsfonds	– 1 000,00 €
abzüglich gesparter Reparaturkosten für den Kohleofen im Wohnzimmer gemäß Angebot des Unternehmers D	– 370,00 €
Gesamtkosten	7 267,00 €

Gemäß § 559 BGB kann ich aufgrund dieser Kosten eine Erhöhung der jährlichen Miete um 11 vom Hundert der Gesamtkosten verlangen. Der Jahresbetrag beträgt danach 799,37 €. Der umlagefähige

Betrag für die monatliche Miete beträgt damit 66,61 €. Ich erhöhe aufgrund der durchgeführten Maßnahmen daher die Miete ab 1. Dezember 2002 um den Betrag von 66,61 €.

Die Kopien der Rechnungen sind als Anlage beigefügt. Der Vollständigkeit halber wird zu Ihrer Information eine Berechnung der vollständig erhöhten Monatsmiete beigefügt:

Nettomiete bisher	600,00 €
Erhöhungsbetrag gemäß § 559 BGB	66,61 €
Betriebskostenvorauszahlung, wie bisher	120,00 €
Heizkostenvorauszahlung wie bisher	100,00 €
Bruttozahlung ab 1. Dezember 2002	886,61 €

Mit freundlichen Grüßen

____

(alle Vermieter)

Es empfiehlt sich, dem Mieter diese Gesamtaufstellung zu übermitteln, damit keine Unklarheiten entstehen.

Form und Voraussetzung der Erhöhungserklärung

1. Die baulichen Maßnahmen und auch alle Nebenarbeiten müssen beendet sein, bevor die Erklärung zugestellt werden kann. Eine frühere Erklärung ist unwirksam! Es dürfen die tatsächlich entstandenen Kosten für die gesamte Baumaßnahme abgerechnet werden, z. B. die tatsächlichen Einbaukosten für die Fenster, die Kosten für die Beiputzarbeiten und Architektenkosten, wenn diese angefallen sind.
2. Die eingesparten Instandhaltungskosten müssen abgezogen werden.
3. Die Erhöhung muss konkret begründet werden.
4. Nur die für die Wohnung tatsächlichen Kosten dürfen berechnet werden.

Betriebskosten und Erhöhung der Betriebskosten

Angemessene Höhe

Die Betriebskosten können sich im Laufe der Mietzeit verändern und die Möglichkeit der Anpassung der Betriebskostenpauschalen und Betriebskostenvorauszahlungen ist in § 560 BGB unter dem Stichwort „Veränderung von Betriebskosten" geregelt. Sowohl die Anpassung der Pauschale als auch der Vorauszahlung ist geregelt.

Anpassung der Betriebskostenvorauszahlung

Wenn Betriebskostenvorauszahlungen im Mietvertrag vereinbart wurden – was ausnahmslos der Fall sein sollte! –, so können diese Vorauszahlungen angepasst werden (§ 560 Abs. 4 BGB). Jede Vertragspartei kann die Anpassung vornehmen

- nach einer Abrechnung der Betriebskosten,
- durch eine Erklärung in Textform,
- auf eine angemessene Höhe.

Sowohl Vermieter als auch Mieter können die Anpassung erklären: Es kann nicht nur eine Erhöhung, sondern auch eine Herabsetzung der Betriebskostenvorauszahlung erklärt werden. Bisher musste bei einer Erhöhung der Betriebskosten der Grund für die Umlage bezeichnet und erläutert werden. Nach dem Gesetzestext ist diese Verpflichtung entfallen. Es bleibt jedoch abzuwarten, ob die Gerichte nicht doch wieder die Verpflichtung zur Erläuterung einführen.

Betriebskostenpauschale

Sofern neben der Grundmiete auch eine Betriebskostenpauschale vereinbart ist, kann der Vermieter eine Erhöhung der Betriebskosten gemäß § 560 Abs. 1 BGB anteilig auf den Mieter umlegen, wenn

- im Mietvertrag die Möglichkeit zur Erhöhung der Betriebskostenpauschale vereinbart ist,
- in der Erhöhungserklärung der Grund für die Umlage bezeichnet und erläutert wird.

Wenn sich beispielsweise die Gebühren der Müllabfuhr erhöht haben, dann muss schriftlich auf das entsprechende Anschreiben des Versorgungsbetriebes oder den Gebührenbescheid verwiesen werden. Der alte und der neue Umlagebetrag ist aufzuführen und die Differenz anzugeben. Man kann das Anschreiben/den Bescheid auch als Fotokopie beifügen, muss dann aber ausdrücklich darauf Bezug nehmen. Der Mieter schuldet die Umlage mit Beginn des auf die Erklärung folgenden übernächsten Monats (§ 560 Abs. 2 BGB). Wird die Erhöhungserklärung z. B. im Mai eines Jahres dem Mieter zugesandt, so muss er den erhöhten Betrag ab Juli des Jahres zahlen. Soweit es um eine rückwirkende Erhöhung der Betriebskostenpauschale geht, muss der Vermieter die Erklärung innerhalb von drei Monaten nach Kenntnis der Erhöhung abgeben.

Die Indexmiete – eine Anpassung an die Preisentwicklung

Mietvertragliche Festlegung

Durch schriftliche Vereinbarung können Sie mit dem Mieter vereinbaren, dass die Miete durch den vom Statistischen Bundesamt ermittelten Preisindex für Lebenshaltung aller privaten Haushalte in Deutschland bestimmt wird (§ 557 b BGB). Diese Möglichkeit zur Mieterhöhung können Sie als Vermieter nur aufgrund einer schriftlichen Vereinbarung zwischen Ihnen und dem Mieter gleich bei Beginn des Mietverhältnisses oder als spätere Mietanpassungsvereinbarung treffen. Sie als Vermieter können den Mieter aber nicht zwingen, diese Vereinbarung in neuen Mietverträgen oder durch Änderung bestehender Verträge zu unterzeichnen.

Bei Vereinbarung der Indexmiete müssen Sie beachten:

- Die Miete muss während der Geltungsdauer der Mietanpassungsvereinbarung grundsätzlich ein Jahr unverändert bleiben, bevor eine neue Anpassung erfolgen kann.
- Während der Dauer der Geltung der Indexmiete ist eine andere Mieterhöhung wegen Anpassung an die Vergleichsmieten nicht möglich.
- Eine Mieterhöhung wegen Modernisierung ist nur möglich, wenn der Vermieter bauliche Veränderungen aufgrund von Umständen durchführt, die er nicht zu vertreten hat.

Detaillierte Erklärung

Diese Erhöhungserklärung muss von dem Vermieter – wie auch in allen anderen Fällen – detailliert dargelegt und begründet werden. Der Vermieter muss die Änderung der maßgeblichen Bezugsgrößen – die entsprechenden Indexzahlen – sowie die jeweilige Miete oder die Erhöhung in einem Geldbetrag in Textform schriftlich angeben. Der Mieter muss dann die erhöhte Miete von Beginn des auf die Erklärung folgenden übernächsten Monats an zahlen. Geht diese Erklärung dem Mieter z. B. am 20. Juli 2002 zu, so muss er die erhöhte Miete ab dem 1. September 2002 bezahlen.

Kündigungsrecht des Mieters

Wenn der Vermieter eine Mieterhöhung durch Anpassung an die ortsübliche Vergleichsmiete oder aufgrund von Modernisierung geltend macht (§§ 558 oder 559 BGB), dann kann der Mieter bis zum Ablauf des zweiten Monats nach Zugang der Mieterhöhungserklärung das Mietverhältnis außerordentlich zum Ablauf des übernächsten Monats kündigen (§ 561 BGB). Die Mieterhöhung tritt dann mit erfolgter Kündigung des Mieters nicht ein.

Beendigung des Mietverhältnisses

Das Mietverhältnis endet durch

- Kündigung, wenn das Mietverhältnis auf unbestimmte Zeit abgeschlossen wurde,
- Zeitablauf, wenn die Parteien einen Endtermin vertraglich bestimmt haben,
- Abschluss eines Mietaufhebungsvertrags; dazu haben die Mietvertragsparteien jederzeit die Möglichkeit,
- eine außerordentliche Kündigung, die vor allem bei Störungen während der Abwicklung des Vertragsverhältnisses greift.

Die Kündigung – der häufigste Fall der Beendigung des Mietverhältnisses

Schriftform Die Kündigung ist eine einseitige Willenserklärung, die immer schriftlich mitzuteilen ist. Sie wird erst dann wirksam, wenn sie demjenigen, für den sie bestimmt ist, auch tatsächlich zugegangen ist. Die Kündigung als empfangsbedürftige Willenserklärung gilt erst dann als zugegangen, wenn sie tatsächlich bei dem Empfänger eingegangen ist und dieser die Möglichkeit hatte, den Inhalt des Schreibens zu erfahren.

Die Kündigung muss zugehen

Das bedeutet, dass allein die Absendung eines Kündigungsbriefes nicht genügt, um den Zugang des Schreibens bei dem Empfänger nachzuweisen.

TIPP

Kündigungserklärungen sollte man mindestens als Einwurf- oder besser als Übergabe-Einschreiben mit Rückschein absenden. Übergabe-Einschreiben werden nur gegen eine Empfangsbestätigung dem Adressaten oder einem Familienangehörigen ausgehändigt und dem Absender wird diese Empfangsbestätigung wieder ausgehändigt.

Tatsächlicher Zugang

Ist der Empfänger des Briefes aber bei Ankunft des Postzustellers nicht anwesend, so wird dem Empfänger lediglich ein Benachrichtigungsschein zugestellt und das Einschreiben 14 Tage bei der Post zur Abholung bereitgelegt. Dieser Benachrichtigungszettel ist jedoch kein Beweis dafür, dass das Schreiben dem Adressaten auch tatsächlich zugegangen ist. Erst wenn das Einschreiben dem Empfänger dann von dem Postamt ausgehändigt wird, ist das Kündigungsschreiben zugegangen.

Zugangsvereitelung

Was aber, wenn der Adressat trotz des Benachrichtigungsscheines das Einschreiben bei dem Postamt nicht abholt? Dazu die Rechtsprechung der „hohen Gerichte“: Sie haben entschieden, dass das Nichtabholen einer Übergabe-Einschreibesendung regelmäßig als Zugangsvereitelung gewertet werden kann. Der Adressat eines Einschreibens, der das Abholen dieses Einschreibebriefes unterlässt, wird rechtlich so behandelt, als ob ihm der Brief zugegangen wäre (BGH, NJW 1977, Seite 104).

Wie ist die gerichtliche Alltagspraxis?

Missbrauch schwer zu beweisen

Man sollte aber auf diese Rechtsprechung nicht vertrauen, denn gerade Amtsrichter sehen das etwas enger und lassen den zurückgegangenen Einschreibebrief mit dem Zusatz „Lagerfrist abgelaufen, nicht abgeholt“ nicht als Nachweis für die Vereitelung des Zuganges gelten. Denn streng genommen muss ja auch bewiesen werden, dass der Adressat den Benachrichtigungsschein auch tatsächlich erhalten hat (er muss im Briefkasten eingelegt werden); darüber hinaus muss der Adressat des Kündigungsschreibens die Abholung des Briefes „missbräuchlich" unterlassen haben, was aber nur schwer zu beweisen ist. Schon aus diesen Gründen sollte man nicht darauf vertrauen, dass ein Einschreiben/Einschreiben mit Rückschein den Empfänger tatsächlich erreicht.

Direkte Übergabe

Wie macht man das Verfahren „wasserdicht"?

Wenn man eine Kündigung wirksam zugehen lassen will, dann gibt es drei Möglichkeiten: die Zustellung des Kündigungsschreibens durch einen Boten, durch den Gerichtsvollzieher oder die private Zustellung mit einem Zeugen.

Was muss man als Vermieter bei Einsetzung eines Boten beachten?

Neutrale Person

Ein Bote kann niemals die Person sein, die die Kündigung erklärt. Es muss sich bei dem Überbringer immer um eine neutrale Person handeln, die gegebenenfalls in einem Prozess als Zeuge aussagen und bestätigen kann, dass der Adressat des Kündigungsschreibens die Kündigung tatsächlich durch Übergabe erhalten hat. Damit ist auch sichergestellt, dass die Kündigung und nicht irgendein belangloses Schreiben übergeben wurde. Die Übergabe des Briefes sollte der Bote dann aber auch nach Tag und Uhrzeit auf einer Kopie des Kündigungsschreibens vermerken.

TIPP

Am sichersten ist es, wenn sich der Bote den Empfang des Kündigungsschreibens durch den Mieter quittieren lässt.

Besser: Zustellung durch den Gerichtsvollzieher

Nach dem Gesetz (§ 132 Abs. 1 BGB) gilt eine Willenserklärung auch dann als zugegangen, wenn sie durch Vermittlung des Gerichtsvollziehers zugestellt worden ist, wobei die Zustellung nach den Vorschriften der Zivilprozessordnung erfolgt (§ 166 ff. ZPO).

Ersatzzustellung durch Niederlegung

Wird dieser Weg gewählt, dann ist es für den Beweis des Zuganges unerheblich, ob der Adressat des Kündigungsschreibens den Inhalt des Schreibens tatsächlich gelesen hat oder nicht. Verweigert der Adressat die Übernahme des Schriftstückes oder ist der Adressat nicht anwesend, so erfolgt eine Ersatzzustellung „durch Niederlegung" (§183 ZPO). Auf einer so genannten Zustellungsurkunde vermerkt der jeweilige Briefzusteller die Niederlegung mit dem entsprechenden Tag und damit ist der Zugang des Schreibens, also der Kündigung, nachgewiesen (§§191, 195 Abs. 2 ZPO).

Diese Zustellungsform kann nur der Gerichtsvollzieher veranlassen. Bei jedem Amtsgericht gibt es eine Verteilungsstelle für Gerichtsvollzieheraufträge. Dieser Stelle kann man den Auftrag zur Zustellung eines bestimmten Schriftstückes an einen Adressaten übermitteln. Die Kosten belaufen sich auf ca. 20 bis 30 €.

Auch möglich: Private Zustellung, aber immer mit einem Zeugen

Neutraler Zeuge

Die Einlegung des Kündigungsschriftstücks in den Wohnungsbriefkasten des Empfängers ist möglich; mit dem Einwurf in den Wohnungsbriefkasten ist der Zugang erfolgt. Dies sollte aber nur in Gegenwart eines neutralen Zeugen erfolgen, der nicht selbst Vermieter ist. Dieser Zeuge muss zuvor das Schreiben, das in den Briefkasten gelegt wird, auch gelesen haben. Danach sollte über den Einwurf ein entsprechender Vermerk erstellt und dieser Vermerk von dem Zeugen unter Angabe von Ort, Datum und Uhrzeit unterzeichnet werden. Übrigens: Auch Ehepartner können Zeugen sein, wenn sie nicht selbst Vermieter sind.

TIPP

Machen Sie diesen Vermerk am besten auf einer Kopie des Kündigungsschreibens.

Wie kann gekündigt werden?

Eindeutige, schriftliche Kündigung

Sie müssen die Kündigung schriftlich erklären. Achten Sie dabei unbedingt auf eine eindeutige Aussage.

Auf Seite 91 eine vereinfachte Musterkündigung. Die ausführliche Musterkündigung finden Sie auf Seite 95 f.

Wer kann die Kündigung erklären?

Alle Vermieter

Viele Kündigungen scheitern schon daran, dass nicht der „Vermieter“ gekündigt hat, sondern nur ein Bevollmächtigter oder nur einer von mehreren Vermietern. Immer die Person, die den Mietvertrag unterschrieben hat, muss auch die Kündigung unterzeichnen. Ist dies eine Einzelperson, so unterschreibt diese die Kündigung. Sind es mehrere Personen (z. B. ein Ehepaar), so müssen auch beide die Kündigung unterschreiben.

TIPP

Das müssen Sie bei einer Kündigung noch beachten:

- Die Kündigung muss eigenhändig von dem oder den Kündigenden unterschrieben werden. Eine mechanische oder faksimilierte Unterschrift (Schreibautomat) reicht nicht aus.
- Gibt es mehrere Eigentümer (zum Beispiel Ehepaar, Geschwister), dann müssen alle die Kündigung unterschreiben.
- Eine Kündigung durch Telefax oder Telegramm ist unwirksam, da das Original beim Absender verbleibt.

MUSTERBRIEF

Franz und Ellen Kurz 15. September 2002
Buchenstr. 4
34567 Bergdorf
Tel. (01 23) 45 67

Einschreiben mit Rückschein

Herrn und Frau
Dieter und Anna Frey
Ahornweg 15
34567 Bergdorf

Kündigung

Sehr geehrte Frau Frey, sehr geehrter Herr Frey,

hiermit kündigen wir Ihnen nach § 573 Abs. 2 BGB zum 31. Dezember 2002 das Mietverhältnis über die Räume Ahornweg 15, Erdgeschoss links, in 34567 Bergdorf.

(Hier folgt die Begründung.)

Eine stillschweigende Verlängerung des Mietverhältnisses gemäß § 545 BGB wird ausdrücklich abgelehnt. Der Widerspruch muss schriftlich erklärt werden und muss uns spätestens bis zum 31. Oktober 2002 zugegangen sein.

Für den Fall, dass Sie gegen die fristgerechte Kündigung Widerspruch erheben, fordern wir Sie jetzt schon auf, die Gründe für den Widerspruch zu benennen.

Mit freundlichen Grüßen

Franz Kurz Ellen Kurz

Ehepaare vermieten gemeinsam eine Wohnung

Viele Ehepaare vermieten gemeinsam eine Wohnung und stehen auch gemeinsam als Vermieter im Kopf des Mietvertrages, obwohl nur einer der Vermieter den Vertrag unterzeichnet hat. In diesem Fall müsste die Kündigung des Mietverhältnisses von beiden Ehepartnern unterzeichnet werden, sonst ist sie unwirksam. Wichtig ist auch darauf zu achten, dass der Absender der Kündigung eindeutig genannt wird.

INFO

Sind an einem Mietverhältnis mehrere Personen auf einer Vertragsseite beteiligt, kann eine Kündigung nur von allen bzw. an alle ausgesprochen werden.

Der Vermieter ist eine Erbengemeinschaft

Wenn auf der Vermieterseite eine ungeteilte Erbengemeinschaft einen der Miterben als „Verwalter“ einsetzt und dieser üblicherweise die Besprechungen zur Regelung des Mietverhältnisses mit den Mietern durchführt, so ist bei der Kündigung des Mietverhältnisses dennoch die Mitwirkung der anderen Erben erforderlich (§ 2038 BGB).

Mehrere Mieter sind Mietpartei

Kündigung an alle Mieter

Sind mehrere Mieter vorhanden, so muss die Kündigung auch gegenüber allen Mietern abgegeben werden. Kündigt der Mieter einer Vermietergemeinschaft, so muss gegenüber *allen* Vermietern gekündigt werden. Eine Kündigung, die nur an einen von mehreren Mitmietern oder Mitvermietern gerichtet wird, beendet das Mietverhältnis nicht. Eine *Teilkündigung* ist nicht möglich.

Besteht die Mietergemeinschaft aus einer Wohngemeinschaft, muss die Kündigung gegenüber sämtlichen Mitgliedern der

Wohngemeinschaft erfolgen. Dies gilt auch dann, wenn einer der Mieter bereits aus der Wohnung ausgezogen ist.

Getrennte Mieterpaare

Haben sich Ehepartner getrennt und ein Ehepartner ist aus der Wohnung ausgezogen, dann muss die Kündigung auch gegenüber dem ausgezogenen Ehepartner erklärt werden. Oft wird das bestehende Mietverhältnis durch den Ehepartner gekündigt, der aus der gemeinsamen Wohnung ausgezogen ist. Diese Kündigung eines Partners beendet das Mietverhältnis nicht. Lediglich im Ausnahmefall kann davon ausgegangen werden, dass das Mietverhältnis mit einer Mehrheit von Mietern endet, obwohl die Kündigung nur gegenüber einem Mieter erklärt wurde. Dies ist dann der Fall, wenn der andere Mitmieter schon vor langer Zeit aus der Wohnung ausgezogen ist und der ausgezogene Mieter mit der Wohnung tatsächlich nichts mehr zu tun haben will (OLG Frankfurt, WuM 1991, Seite 76).

Kündigung durch Bevollmächtigten

Vollmacht des Vermieters

Die Kündigung eines Mietverhältnisses kann auch durch einen Bevollmächtigten (z. B. Hausverwalter oder Rechtsanwalt) erklärt werden, wenn dieser eine Vollmacht des Vermieters vorlegt. Unwirksam ist diese Kündigung, wenn der Mieter die Kündigung deswegen zurückweist, weil die Originalvollmacht des Vermieters nicht vorliegt (§ 174 BGB). Wird also die Kündigung durch einen Bevollmächtigten ohne Vollmachtsurkunde erklärt, kann wertvolle Zeit verloren gehen. Denn nun muss eine neue Kündigung erfolgen und die Fristen laufen damit von neuem.

Bei der Originalvollmacht ist zu beachten:

- Der Kündigungsempfänger kann zunächst Rechtsrat einholen. Die Zurückweisung einer Kündigung wegen des Fehlens der Originalvollmacht ist daher noch rechtzeitig, wenn diese Zurückweisung vor Ablauf einer Zweiwochenfrist bei dem Bevollmächtigten eingeht.

- Die Vollmachtsurkunde muss immer im Original beigefügt werden. Eine Fotokopie der Vollmachtsurkunde gilt nicht.
- Es genügt auch keine beglaubigte Abschrift der Vollmachtsurkunde.
- Dies ist auch bei der Zustellung einer Kündigungserklärung des Gerichtsvollziehers zu beachten: Ihm muss die Originalvollmacht übergeben werden, damit er diese an den Kündigungsempfänger zustellt.
- Wurde der Mietvertrag bereits durch einen Bevollmächtigten abgeschlossen, so ist es trotzdem im Falle der Kündigung notwendig, die Originalvollmachtsurkunde beizufügen.
- Es gibt auch verschiedene Entscheidungen, wonach sich ein Kündigungsempfänger nicht auf das Fehlen der Vollmacht berufen darf, wenn die Bevollmächtigung während der längeren Vertragsbeziehung als solche anerkannt ist.

Sind mehrere Vermieter vorhanden, dann muss die Vollmacht auch von allen Vermietern unterzeichnet werden.

Ein Ehepartner kann natürlich auch die Kündigung für sich und für seinen Ehepartner erklären, nur sollte er dann die Originalvollmacht des Ehepartners auf jeden Fall beifügen.

Was ist bei einer ordentlichen Kündigung zu beachten?

Muster einer fristgerechten Kündigung:

MUSTERBRIEF

Namen und Anschrift des Vermieters 15. Juni 2002

Eheleute Frey
Ahornweg 15

34567 Bergdorf

Kündigung

Sehr geehrte Frau Frey, sehr geehrter Herr Frey,

hiermit kündigen wir Ihnen das Mietverhältnis über die Dreizimmerwohnung im Haus Ahornweg 15 in 34567 Bergdorf, Erdgeschoss links, fristgerecht zum 31. März 2003.
Da Ihnen die Wohnung am 1. Juni 1994, also vor acht Jahren überlassen wurde, beträgt die Kündigungsfrist neun Monate. Wir kündigen das Mietverhältnis, da ein berechtigtes Interesse an der Beendigung gemäß § 573 Abs. 2 Nr. 2 BGB vorliegt.

Wir machen für die Wohnung Eigenbedarf geltend, da wir sie für unseren Sohn Manfred und dessen Ehefrau benötigen. Begründung: Unser Sohn Manfred studierte bisher in Hamburg und lebt dort zusammen mit seiner Ehefrau in einer Zweizimmerwohnung. Nach Ablegung des Staatsexamens wird er ab dem 1. Februar 2003 eine Stellung bei der Fa. XYZ in Bergdorf annehmen und hierher zurückkehren. Er benötigt daher eine Wohnung. Die von Ihnen bewohnte Dreizimmerwohnung ist für den Wohnbedarf der zweiköpfigen Familie unseres Sohnes angemessen.

Im Haus Ahornweg 15 befinden sich noch drei weitere Wohnungen: Die Erdgeschosswohnung ist zu klein, die Vierzimmerwohnungen sind für unseren Sohn zu groß und zu teuer. Über weiteren Wohnraum, die wir an unseren Sohn vermieten können, verfügen wir nicht. Auch in unser Haus kann er nicht einziehen, da dieses für zwei Familien zu klein ist.

Gemäß § 568 Abs. 2 BGB machen wir Sie darauf aufmerksam, dass Sie dieser Kündigung nach § 574 BGB widersprechen können. Der Widerspruch muss schriftlich erklärt werden. Für den Fall der Widerspruchseinlegung verlangen wir vorsorglich gemäß § 574 b Abs. 1 BGB unverzüglich Auskunft über die Gründe des Widerspruchs. Der Widerspruch muss nach § 574 b Abs. 2 BGB spätestens zwei Monate vor der oben genannten Beendigung des Mietverhältnisses, also bis zum 31. Januar 2003, bei uns eingegangen sein.

Wir bitten Sie, die Wohnung nebst Kellerraum bis zum 31. März 2003 geräumt und entsprechend der Vereinbarung im Mietvertrag renoviert und gereinigt, mit allen Schlüsseln versehen, zu übergeben. Wir bitten Sie, mit uns rechtzeitig einen Übergabetermin zu vereinbaren. Sollten Sie die Wohnung nicht rechtzeitig, wie vorstehend angegeben, räumen, so machen wir Sie schon jetzt darauf aufmerksam, dass wir dann gemäß § 546 a BGB – unbeschadet weiterer Rechte – vom 1. April 2003 an – mindestens die Nutzentschädigung in Höhe der vereinbarten Miete oder der ortsüblichen Vergleichsmiete verlangen werden. Eine stillschweigende Verlängerung des Mietverhältnisses nach § 545 BGB lehnen wir ausdrücklich ab.

Wir bitten Sie um Verständnis für diese Maßnahme und verbleiben

mit freundlichen Grüßen

(Unterschriften: Franz und Ellen Kurz)

Allgemeine gesetzliche Regelung

Kündigungsfristen

Bei einem Mietverhältnis über Wohnraum kann jeder der Vertragspartner – sowohl der Mieter als auch der Vermieter – das Mietverhältnis mit den Fristen des § 573 c BGB kündigen. Die Kündigung ist spätestens am dritten Werktag eines jeden Monats für den Ablauf des übernächsten Monats zulässig, dies entspricht somit einer Kündigungsfrist von drei Monaten. Darüber hinaus verlängert sich die Kündigungsfrist für den Vermieter nach fünf und acht Jahren seit der Überlassung des Wohnraums um jeweils drei Monate. Damit beträgt die Kündigungsfrist bei Mietverhältnissen mit einer Dauer von fünf bis sieben Jahren sechs Monate und bei einer Dauer ab acht Jahren neun Monate.

Voraussetzung für eine Kündigung ist,

- dass eine Mietzeit nicht fest vereinbart ist oder
- dass, abweichend vom Gesetz, keine längeren Kündigungsfristen für den Vermieter vereinbart wurden.

Ein Mietverhältnis ist immer dann auf unbestimmte Zeit eingegangen, wenn die Parteien dies im Mietvertrag so ausdrücklich erklärt haben oder wenn die Parteien zur Dauer des Mietverhältnisses keine Erklärung abgegeben haben. Mietverträge mit einer bestimmten Laufzeit gehen nach deren Ende in ein Mietverhältnis auf unbestimmte Zeit über, nämlich dann, wenn der Endtermin des Mietverhältnisses eintritt und beide Vertragsparteien das Mietverhältnis weiter fortsetzen.

Kündigung vor Einzug

Eine ordentliche Kündigung eines Mietverhältnisses ist im Übrigen auch schon vor dem Vollzug des Mietverhältnisses möglich. Vollzug des Mietverhältnisses bedeutet, dass dem Mieter das Mietobjekt übergeben wurde. Mietet ein Mieter also eine Wohnung an, kann er schon vor Bezug der Mietwohnung das Mietverhältnis kündigen, und zwar dann unter Einhaltung der gesetzlichen Kündigungsfrist. Da die Mietvertragsparteien diesen

Fall üblicherweise nicht schriftlich geregelt haben, beginnt nach der Rechtsprechung die Kündigungsfrist mit dem Zugang der Kündigungserklärung.

Verzicht auf Kündigungsrecht

Die Mietvertragsparteien können aber auch vereinbart haben, dass das Mietverhältnis zwar auf unbestimmte Zeit eingegangen wurde, dass aber eine der Vertragsparteien für einen bestimmten Zeitraum auf das Kündigungsrecht verzichtet. Beispielsweise dann, wenn der Mieter Investitionen in das Mietobjekt geleistet hat, z. B. einen Finanzierungsbeitrag durch Mietvorauszahlung (Baukostenzuschuss oder Mieterdarlehen). Dann kann sich aus einer derartigen Regelung ergeben, dass eine Kündigung für die Zeit ausgeschlossen ist, bis die Zahlung des Mieters durch Abwohnen verrechnet wurde.

Darüber hinaus kann eine Kündigung aber auch noch nach der Generalklausel des Bürgerlichen Gesetzbuches ausgeschlossen sein (§ 242 BGB).

Kündigungsausschluss

Ein Kündigungsausschluss nach den Grundsätzen von Treu und Glauben ist aber eher die Ausnahme und in folgenden Fällen anzunehmen:

- Der Vermieter macht gegenüber dem Mieter Ansprüche auf Zahlung nicht vertraglich vereinbarter Betriebskosten geltend. Diesen Anspruch weist der Mieter zurück. Aus Verärgerung darüber kündigt der Vermieter nunmehr.
- Der Mieter beanstandet, dass Feuchtigkeit von außen in seine Wohnung eindringt. Der Vermieter kündigt. Es geht ihm in diesem Fall nur darum, seiner Verärgerung freien Lauf zu lassen, damit der Mieter seine Rechte ihm gegenüber nicht wahrnimmt, zum Beispiel Klage erhebt.

Widersprüchliches Verhalten

Auch bei widersprüchlichem Verhalten eines Vermieters ist eine Kündigung ausgeschlossen. Dies kann dann gegeben sein, wenn die Vertragsparteien eine längere Laufzeit des Vertrages aushandeln und der Mieter noch vor Abschluss einer entsprechenden schriftlichen Vereinbarung der Zusage des Vermieters vertraut.

Die Kündigungsfristen für Wohnraum

Stichtag

Beim Mietverhältnis über Wohnraum ist zunächst auch wieder die Kündigung spätestens am dritten Werktag eines jeden Kalendermonats für den Ablauf des übernächsten Monats zulässig (§ 573 Abs. 1 BGB).

Sind seit der Überlassung des Wohnraumes fünf oder acht Jahre vergangen, verlängert sich die Kündigungsfrist um jeweils drei Monate. Die Überlassung des Wohnraumes ist der Zeitpunkt, an dem der Mieter den Besitz von dem Vermieter erhalten hat.

Fristen

Die Kündigungsfrist beträgt bei Mietverhältnissen mit einer Dauer von fünf bis sieben Jahren sechs Monate, bei einer Dauer von acht Jahren neun Monate.

Bei der Zeit, die für die Überlassung berechnet wird, ist auch die Zeit mit einzuberechnen, in der ein Mieter aufgrund eines Mietvertrages seines früheren Ehegatten in der Wohnung berechtigt gewohnt hat. Ein Wechsel des Vertragspartners ist auf die Dauer der Überlassung ohne Einfluss, wenn dadurch das Mietverhältnis identisch bleibt.

Wohnungswechsel des Mieters

Auch bei einem Wechsel der Wohnungen des Mieters im gleichen Haus ist es rechtlich umstritten, ob die Berechnungszeit ab Bezug der neuen Wohnung zu laufen beginnt oder ob auch die Mietdauer in der alten Wohnung mit einzubeziehen ist. Hierzu gibt es leider kein klarstellendes Urteil eines Oberlandesgerichts oder gar des Bundesgerichtshofes.

TIPP

Im Zweifel sollten Sie als Vermieter davon ausgehen, dass ein Gericht die für Sie nachteilige Auffassung anwendet, sodass Sie dies bei der Berechnung der Kündigungsfrist schon berücksichtigen und lieber früher als später kündigen.

Voraussetzung für kürzere Fristen

Diese Kündigungsfristen gelten auch in den Fällen, in denen der Vermieter den Wohnraum ganz oder überwiegend mit Einrichtungsgegenständen ausgestattet hat, diese Wohnung Teil der vom Vermieter selbst bewohnten Wohnung ist, diese Wohnung nicht zum dauernden Gebrauch für eine Familie überlassen wurde, und für Wohnraum in einem Studenten- und Jugendwohnheim.

Nicht zu unterschätzen: Formalien der Kündigung

Für die Kündigung von Wohnraummietverhältnissen muss über die bereits eingangs genannten Erfordernisse hinaus Folgendes beachtet werden:

- Die Kündigung muss schriftlich erklärt werden. Dieses Formerfordernis gilt für jede Art von Kündigung, egal ob sie vom Vermieter oder vom Mieter ausgesprochen wird.
- In der Kündigung müssen die Kündigungsgründe angegeben werden. Es handelt sich dabei um eine Wirksamkeitsvoraussetzung.
- Der Vermieter muss die Mieter über das Recht zum Kündigungswiderspruch belehren (§ 574b BGB). Vergisst der Vermieter die Belehrung über den Kündigungswiderspruch, so bleibt die Kündigung zwar wirksam, aber der Mieter kann sich dann mit seinem Widerspruch Zeit bis zum ersten Termin im Räumungsrechtsstreit lassen.

Keine Kündigung ohne Grund

Angabe und Nachschieben von Kündigungsgründen

Der Vermieter ist zur ordentlichen Kündigung des Mietverhältnisses nur berechtigt, wenn er Kündigungsgründe hat. Fehlen die entsprechenden Kündigungsgründe, so ist die Kündigung unwirksam. Selbst wenn die Gründe bei Kündigungsausspruch vorliegen, diese in dem Kündigungsschreiben aber nicht genannt werden, so ist die Kündigung unwirksam. § 573 Abs. 3 BGB bestimmt, dass bei der Prüfung, ob der Vermieter ein berechtigtes Interesse an der Beendigung des Mietverhältnisses hat, nur die im Kündigungsschreiben angegebenen Gründe berücksichtigt werden dürfen.

TIPP

Eine ordentliche Kündigung muss daher so umfangreich und ausführlich wie möglich begründet werden. Hierbei sollten Sie auf Nummer sicher gehen und lieber zu viel als zu wenig schreiben.

Gründe genau nennen

Die Kündigungsgründe müssen so detailliert angegeben werden, dass der Mieter sich aus diesen Gründen ein ausreichendes Bild über die Berechtigung der Kündigung machen kann und er hierauf seinen Widerspruch begründen kann. Pauschale Angaben zum Kündigungsgrund „Eigenbedarf" wie „wegen Heirat des Sohnes" oder „wegen Pflegebedürftigkeit des Vaters" reichen nicht aus.

TIPP

Als Vermieter dürfen Sie bei einer Kündigung nicht vergessen, Kündigungsgründe, die bereits vor Aussprechen der Kündigung entstanden sind, in dem Kündigungsschreiben zu nennen. Denn auf Gründe, die im Kündigungsschreiben vergessen wurden, kann die Kündigung nicht mehr gestützt werden.

Keine Gründe nachschieben

Ein Nachschieben von Kündigungsgründen, die schon bei Ausspruch der Kündigung vorlagen, ist nicht möglich.

Das „berechtigte Interesse“ als Kündigungsgrund

Eine ordentliche Kündigung des Mietverhältnisses ist wirksam, wenn der Vermieter ein berechtigtes Interesse an der Beendigung des Mietverhältnisses hat (§ 573 Abs. 1 BGB). Sein berechtigtes Interesse muss ein solches Gewicht haben, dass es das generelle Interesse des Mieters an dem weiteren Wohnen in der Wohnung überwiegt. Dieser Tatbestand bezieht sich auf die Person des Vermieters. Ein Interesse, das ein Dritter an der Beendigung des Mietverhältnisses hat, ist rechtlich ohne Bedeutung.

BEISPIEL

Möchte ein Vermieter eine Eigentumswohnung verkaufen und findet er aber nur einen Interessenten, der bereit ist, die Wohnung dann zu kaufen, wenn das Mietverhältnis beendet und die Wohnung geräumt ist, dann liegt kein Interesse des Vermieters an der Beendigung des Mietverhältnisses vor. Im vorliegenden Fall ist nämlich der Dritte, der Kaufinteressent, derjenige, der ein Interesse an der Beendigung des Mietverhältnisses hat. Dies ist für eine Kündigung nicht ausreichend.

Kündigungsgrund muss andauern

Das berechtigte Interesse des Vermieters an der Beendigung des Mietverhältnisses muss bei Ausspruch der Kündigung gegeben sein und bis zum Wirksamwerden der Kündigung auch noch fortbestehen. Wenn also der Grund für einen Eigenbedarf inzwischen erloschen ist, gibt es auch kein berechtigtes Interesse mehr für eine Kündigung. Die rechtlich zulässigen Kündigungsgründe sind im § 573 Abs. 2 BGB geregelt. Die wesentlichen Kündigungsgründe werden im Folgenden dargestellt.

Der Mieter verletzt seine vertraglichen Verpflichtungen

Zum Teil fristlose Kündigung möglich

Die nachfolgend genannten Gründe berechtigen einen Vermieter teilweise auch zur fristlosen Kündigung des Mietverhältnisses (§§ 543, 569 Abs. 2 BGB).

- Gründe, die zu einer fristlosen Kündigung führen, rechtfertigen stets auch eine ordentliche Kündigung. Ein einmaliger Vertragsverstoß rechtfertigt die fristlose Kündigung, wenn der Verstoß besonders schwerwiegend ist. Hierfür ist eine Abmahnung in der Regel nicht erforderlich.
- Eine fristgerechte Kündigung ist dann angemessen, wenn die Vertragsverletzung so schwer ist, dass die Auflösung des Mietverhältnisses gerechtfertigt ist, andererseits es dem Vermieter aber zuzumuten ist, gleichwohl die gesetzliche Kündigungsfrist einzuhalten.

Geringfügige Vertragsverstöße

Bei wiederholten geringfügigen Vertragsverstößen hat der Vermieter folgende Bedingungen zu beachten:

- Er muss durch eine Abmahnung und Androhung der Kündigung dem Mieter deutlich machen, dass er die Vertragsverletzungen nicht duldet. Erst damit wird das schuldhafte Handeln dokumentiert.
- Der Mieter muss den Vertragsverstoß verschuldet haben, er muss also mindestens fahrlässig gehandelt haben. Fahrlässig handelt, wer die im Verkehr erforderliche Sorgfalt außer Acht lässt (§ 276 BGB).
- Der Mieter muss im Übrigen auch für schuldhafte Pflichtverletzungen eines Untermieters oder Mitbewohners einstehen (§ 540 Abs. 3 BGB). Er kann sich also nicht darauf berufen, dass z. B. Lärmstörungen von seinem Untermieter verursacht wurden.

Verletzung der Mieterpflichten

Gründe für eine fristgerechte Kündigung wegen Verletzung der Mieterpflichten sind nach der Rechtsprechung:

- unpünktliche Mietzahlung,
- Mietrückstände, auch mit einem geringeren Betrag als zwei Monatsmieten und mit einem geringeren Zeitraum als zwei Monate,

- Nichtzahlung einmaliger Leistungen wie Kaution, Schadenersatzansprüche, Mieterdarlehen, Baukostenzuschüsse (im Einzelnen umstritten!),
- Störung des Hausfriedens,
- Belästigung und Beleidigung des Vermieters,
- unerlaubter Mauerdurchbruch in einer tragenden Wand,
- unerlaubter Gewerbebetrieb im Wohnhaus,
- Störung anderer Mitbewohner durch Hundehaltung,
- Unsauberkeit, Ungeziefer,
- mehrfaches Überlaufen einer Waschmaschine und dadurch verursachte Feuchtigkeitsschäden.

TIPP

Die Gerichte entscheiden jeweils nach dem Einzelfall der Umstände, daher kann ein Gericht in einem Fall zur Wirksamkeit der Kündigung neigen, sie in einem anderen Fall aber ablehnen. Kündigungen sind daher so umfangreich und so genau wie möglich zu begründen.

Kündigung wegen Eigenbedarfs

Wer zum Haushalt gehört

Der Vermieter hat das Recht zur Kündigung, wenn er die Räume als Wohnung für sich, seine Familienangehörigen oder Angehörige seines Haushalts benötigt (§ 573 Abs. 2 Nr. 2 BGB). Familienangehörige sind Verwandte und Verschwägerte, z. B. Eltern, Kinder, Stiefkinder, Geschwister und der Ehepartner, wenn die Eheleute sich trennen wollen.

Nahe Familienangehörige

Wenn die verwandtschaftlichen Beziehungen weniger eng sind, dann kommt es darauf an, dass der Angehörige dem Vermieter persönlich nahe steht. Dies trifft zu, wenn beispielsweise das Enkelkind in der Wohnung der Großeltern lebt. Oder wenn das Enkelkind in das gleiche Haus wie die Großeltern ziehen soll, damit es die pflegebedürftigen Großeltern betreut und ihnen den Haushalt führt.

Mit „Angehörige seines Haushalts" sind Personen gemeint, die dem Haushalt des Vermieters dauerhaft angehören, z. B. der Lebenspartner des Vermieters, mit dem er „einen auf Dauer angelegten gemeinsamen Haushalt führt", Pflegekinder oder Kinder des Lebenspartners.

Lebenspartner

In jedem Fall gilt:
Der Vermieter muss die Wohnung „benötigen"

Damit ist nicht gemeint, dass der Vermieter nur im alleräußersten Notfall, z. B. wenn sein Sohn schon auf der Straße steht, auf die Wohnung zurückgreifen darf. Es unterliegt allein der sich aus dem Eigentumsrecht ergebenden Befugnis des Vermieters zu bestimmen, welchen Wohnbedarf er für sich und seine Angehörigen als angemessen ansieht.

Angemessener Wohnraum

Die Gerichte sind aus diesem Grund nicht berechtigt, ihre Vorstellungen vom angemessenen Wohnen verbindlich an die Stelle der Vorstellungen und der Lebensplanung des Vermieters zu setzen.

TIPP

Sie als Vermieter benötigen dann die Wohnung für einen Familienangehörigen, wenn Sie für dessen Einzug vernünftige und nachvollziehbare Gründe haben.
Wann derartige Gründe vorliegen, überprüfen die Gerichte anhand des in der Kündigung vorgetragenen Lebenssachverhaltes. Man kann deshalb nur raten, die Situation, die zur Kündigung wegen Eigenbedarf führt, so präzise und so umfassend wie möglich darzulegen.

Mietrecht aktuell: Die Gerichte zum Thema Eigenbedarf

In zahlreichen Entscheidungen haben die Fachgerichte und auch das Bundesverfassungsgericht zur Frage des Eigenbedarfs Stellung genommen.

In folgenden Fällen wurde der Eigenbedarf des Vermieters ausdrücklich bejaht:

- Kündigung einer 150 qm großen Fünfzimmerwohnung zugunsten der Tochter, wenn diese mit ihrem Lebensgefährten dort leben und ein bis zwei Kinder haben möchte (BVerfG, DWW 1995, Seite 185);
- Kündigung einer Dreizimmerwohnung mit 75 qm, um sie nach Umbau des Dachgeschosses zu einer einzigen Wohnung für die Familie (zwei Erwachsene, zwei Kinder und ein Kindermädchen) zu verbinden (BVerfG, NJW 1994, 311);
- Kündigung einer Wohnung im vierten Obergeschoss, um diese Wohnung mit der anderen Wohnung im vierten Obergeschoss zu einer Wohnung zusammenzulegen und dann mit der Ehefrau zu beziehen. Dabei spielte es keine Rolle, dass im zweiten Obergeschoss eine kleinere Wohnung frei war und im dritten Obergeschoss dann eine kleinere Wohnung während des Räumungsrechtsstreits frei wurde, in die die Mieter der anderen Wohnung des vierten Obergeschosses einzogen (BVerfG, NJW 1994, 435);
- Veränderungen der Lebenssituation des Vermieters oder der begünstigten Person durch Heirat oder Begründung einer Lebensgemeinschaft bzw. Geburt von Kindern;
- Wunsch des Vermieters nach einem eigenen Zimmer für jedes Kind;
- Der Vermieter bewohnt zwei Wohnungen in der zweiten und dritten Etage; beide Wohnungen sind nur durch das Treppenhaus zu betreten. Die Kündigung der im dritten Obergeschoss gelegenen Wohnung mit dem Ziel, die Wohnungen im dritten Obergeschoss zu einer großen Wohnung zu verbinden, ist wirksam (BVerfG, DWW 1994, Seite 75).

Vermieterentscheidung maßgebend

Die Gerichtsentscheidungen machen deutlich, dass eine Nachprüfung des Entschlusses des Vermieters, seine Wohnung selbst zu nutzen, nicht unbeschränkt zulässig ist, da sich dieser Entschluss nicht ausschließlich oder in erster Linie an objektiven Kriterien messen lässt. Die Entscheidung des Vermieters ist zu akzeptieren.

Schutz der Position des Mieters

Die Gerichte müssen jedem Gesichtspunkt nachgehen, den der Mieter vorträgt und der Zweifel an der Ernsthaftigkeit des Selbstnutzungswunsches begründet. Auch können die Gerichte unter dem Gesichtspunkt „Missbrauch" prüfen, ob ein „weit überhöhter Wohnbedarf" geltend gemacht wird.

In folgenden Fällen werden vernünftige und nachvollziehbare Gründe vom Gericht nicht angenommen:

- Der Vermieter kündigt, um seinen Sohn (Schüler/Student) an seinem Schul-/Studienort eine vermietete Wohnung mit einer Fläche von mehr als 100 qm beziehen zu lassen;
- Eigenbedarf für Schüler/Studenten an einem Einfamilienhaus mit Garten.

Gründe fürs Kündigungsschreiben

Welche Angaben soll man in einem Kündigungsschreiben machen? Hier gibt es keinen pauschalen Rat, sondern dies ist von den Umständen des Einzelfalles abhängig. Will man beispielsweise für seinen Sohn, der von Frankfurt nach Siegen zieht, eine Wohnung frei machen, gehören zu den Angaben: Alter, Familienstand, derzeitige berufliche Situation und Angabe des bisherigen Arbeitgebers, zukünftige berufliche Situation und neuer Arbeitgeber, Wohnungssituation, Begründung, warum die Wohnung des Mieters in Betracht kommt, Hinweis darauf, dass andere Wohnungen gegebenenfalls aus bestimmten Umständen nicht in Betracht kommen.

In diesem Fall würde es nicht ausreichen, wenn man den Eigenbedarf begründet mit „weil mein Sohn XY beruflich nach Siegen versetzt wird".

Die so genannte Alternativwohnung

Wichtig in diesem Zusammenhang sind folgende Umstände, die Sie als Vermieter vor Schaden bewahren:

- Kündigt der Vermieter in einem Mehrfamilienhaus eine Wohnung, damit seine Tochter einziehen kann, und wird während des Laufes der Kündigungsfrist im gleichen Haus eine andere Wohnung frei, dann muss sorgfältig geprüft werden, ob die Tochter nicht auch die frei gewordene Wohnung nutzen kann und die Kündigung aufgehoben wird.
- Der Vermieter kann auf eine andere freie Wohnung im Haus verwiesen werden, wenn der Wohnbedarf in dieser Alternativwohnung „ohne wesentliche Abstriche" befriedigt werden kann (BVerfG, NJW 1991, Seite 151).
- Ist die Alternativwohnung gleich groß und liegt statt im zweiten im dritten Stockwerk, dann ist kein Grund ersichtlich, warum die Tochter nicht in diese frei gewordene Alternativwohnung einziehen kann.

TIPP

Als Vermieter haben Sie im Einzelfall sorgfältig zu überprüfen, inwieweit eine Alternativwohnung die Eigenbedarfsgründe beeinträchtigt.

Wegfall des Eigenbedarfs:
Mögliche Schadensersatzansprüche

Mieter muss informiert werden

Wenn zwischen dem Zugang der Kündigung bis zur Räumung der Bedarfsgrund wegfällt, weil – wie im Beispiel oben – der Sohn nun doch nicht nach Siegen versetzt wird, dann muss der Mieter unverzüglich darauf hingewiesen werden, dass der Eigenbedarfsgrund weggefallen ist. Dabei kommt es nicht darauf an, ob der Mieter schon mit den Umzugsvorbereitungen begonnen hat oder nicht. In jedem Fall ist der Vermieter zur entsprechenden Information bis zur Übergabe des Schlüssels verpflichtet.

Wer als Vermieter in diesem Fall die Eigenbedarfskündigung aufrechterhält oder den Rechtsstreit trotzdem fortsetzt, muss damit rechnen, dass der Mieter Schadensersatzansprüche gegen ihn geltend macht.

Schadensersatzansprüche

Der Mieter kann Schadensersatz wegen der ihm entstandenen gesamten Räumungskosten geltend machen.

Das sind im Einzelnen:

- Umzugskosten,
- gegebenenfalls eine höherer Miete für die Ersatzwohnung,
- Kosten für einen Teppichboden, der für die neue Wohnung angeschafft werden musste,
- Kosten für Gardinen,
- Kosten für Zeitungsanzeigen,
- Maklercourtage,
- sogar die Kosten des verlorenen Rechtsstreites, wenn der Vermieter vor Erlass des Räumungsurteils von dem Wegfall des Eigenbedarfsgrundes Kenntnis hatte und trotzdem ein Räumungsurteil ergehen ließ.

TIPP

Empfehlung bei Eigenbedarfskündigung:

- vollständig vortragen,
- wahrheitsgemäß vortragen,
- sich an der Lebenswirklichkeit orientieren,
- sich auch nicht in Widerspruch zu seinem bisherigen Verhalten setzen (Räumungsklage wegen Eigenbedarfs beispielsweise dann, nachdem man vergeblich versucht hat, eine Mieterhöhung durchzusetzen, oder nachdem man dem Mieter das Angebot unterbreitet hat, das Haus zu kaufen).

Langfristige Planung des Eigenbedarfs nötig

Befristete Mietverträge

Als Vermieter muss man schon vor Abschluss des Mietvertrages langfristig und im Hinblick auf Eigenbedarf planen und deshalb gegebenenfalls schon vorsorglich befristete Mietverträge abschließen.

BEISPIEL

Der volljährige Sohn des Vermieters besucht die letzte Klasse des Gymnasiums/Fachoberschule und wird in einem Jahr das Abitur/Fachabitur machen und danach studieren. Dann muss der Vermieter, der eine Wohnung in der Universitätsstadt, in der sein Sohn eventuell studieren will, besitzt und vermieten will, ein Mietverhältnis auf bestimmte Zeit abschließen und im Mietvertrag schriftlich auf den zukünftigen Eigenbedarf hinweisen.
Der Vermieter, der dies nicht berücksichtigt, sondern dann nach bestandenem Abitur seines Sohnes die Eigenbedarfskündigung ausspricht, muss damit rechnen, dass ihn das Gericht mit seiner Forderung zurückweist und dies damit begründet, dass eine derzeitige Kündigung rechtsmissbräuchlich ist oder eine unzumutbare Härte für die Mieter darstellt, weil der Eigenbedarf vorhersehbar war.

Einschränkung der Eigenbedarfskündigung bei Eigentumswohnungen

Die Kündigungsmöglichkeit von vermieteten Eigentumswohnungen schränkt der Gesetzgeber für eine Dauer von drei Jahren ein (§ 577 a BGB), wenn folgende Bedingungen gelten:

- Nach Abschluss des Mietvertrages mit dem Vermieter wurde die Wohnung nachträglich in eine Eigentumswohnung umgewandelt.
- Die so umgewandelte Eigentumswohnung wird veräußert. In diesem Fall kann sich der erste Käufer nach der Umwandlung drei Jahre lang nicht auf den Eigenbedarf berufen.

Die dreijährige Sperrfrist beginnt in diesen Fällen nicht mit Abschluss des notariellen Kaufvertrages über die Eigentumswohnung, sondern mit der Eintragung des Ersterwerbers im Grundbuch. Da zwischen notariell beurkundetem Kaufvertrag und Eintragung des Käufers im Grundbuch unter Umständen mehrere Monaten liegen können, verlängert sich die Frist in der Regel tatsächlich erheblich über die drei Jahre hinaus. Darüber hinaus kann der Erstkäufer die Eigenbedarfskündigung nicht während der Sperrfrist erklären; erst nach Ablauf der Sperrfrist kann erstmals die Eigenbedarfskündigung ausgesprochen werden.

Dreijährige Sperrfrist

In bestimmten Gebieten (Ballungsräumen, Gebieten mit Unterversorgung an Wohnraum) beträgt die Sperrfrist bis zu zehn Jahren. Die jeweilige Landesregierung hat in einer Verordnung die Gemeinden oder Teile einer Gemeinde zu bezeichnen, in denen die ausreichende Versorgung von Bevölkerung mit Mietwohnungen zu angemessenen Bedingungen besonders gefährdet ist (§ 577a Abs. 2 BGB). Gegebenenfalls muss man sich beim örtlichen Haus- und Grundeigentümerverein nach den Sperrfristen erkundigen.

Fristverlängerung

TIPP

Wenn man eine Eigentumswohnung erwirbt, um diese Eigentumswohnung selbst zu nutzen, dann sollte man sich zunächst sorgfältig über den Inhalt des Grundbuches und das Datum des Abschlusses des Mietvertrages informieren.

Auch wenn eine Eigentumswohnung vom Bauträger von vornherein als Eigentumswohnung geplant und konzipiert wurde, ist es für einen Käufer wichtig, dass die Aufteilung in Wohnungseigentum noch vor Überlassung der Wohnung an den Mieter abgeschlossen ist. Maßgeblich ist die Eintragung des Wohnungseigentums im Grundbuch. Wenn das Datum der Überlassung der

Aufteilung vor Bezug

Wohnung an die Mieter (Besitzeinräumung) vor der ersten Eintragung im Grundbuch liegt und man der erste Käufer der Eigentumswohnung ist, dann unterliegt man als Vermieter der Sperrfrist. Dies muss man einkalkulieren.

Sonderfall: Eigentumswohnungen in öffentlich gefördertem Wohnraum

Grundsätzlich ist es auch möglich, öffentlich geförderte Wohnungen (sozialer Wohnungsbau) in Eigentumswohnungen umzuwandeln. Die Möglichkeit zur Kündigung wegen Eigenbedarfs ist für den Erwerber eingeschränkt. Folgende Regelung gilt:

- Nach Abschluss des Mietvertrages hat der Vermieter das Haus in Eigentumswohnungen umgewandelt.
- Es handelt sich um sozialen Wohnungsbau.
- Der Erwerber darf sich nicht auf den Eigenbedarf berufen, solange die Wohnung als öffentlich gefördert gilt (§ 6 Abs. 7 Wohnungsbindungsgesetz).

Vorzeitige Rückzahlung

Für den Fall, dass die öffentlichen Fördermittel vorzeitig zurückgezahlt wurden, gilt die Wohnung auch weiterhin als öffentlich gefördert, und zwar bis zum Ablauf des zehnten Kalenderjahres nach dem Jahr der Rückzahlung bzw. bis zum Ablauf des Kalenderjahres, in dem das Darlehen ansonsten zurückgezahlt worden wäre (§ 16 Abs. 1 Wohnungsbindungsgesetz).

Weiterer Kündigungsgrund: Wirtschaftliches Eigeninteresse

Ein weiterer Grund für einen Vermieter, das Mietverhältnis zu beenden, ist das Vorliegen eines wirtschaftlichen Eigeninteresses (§ 573 Abs. 2 Ziffer 3 BGB). Dieser Kündigungsgrund liegt nur dann vor, wenn der Vermieter bei Weiterbestehen des Mietverhältnisses an einer angemessenen wirtschaftlichen Verwertung des Grundstückes gehindert ist und dadurch erhebliche Nachteile erleiden würde.

Bei erheblichen Nachteilen

Zwar verhindert auch eine zu niedrige Miete die angemessene wirtschaftliche Verwertung des Grundstückes; auch durch sie kann ein Vermieter erhebliche Nachteile erleiden. Doch ist der Wunsch des Vermieters, bei einer Neuvermietung eine höhere Miete zu erzielen, kein Grund für eine Kündigung im Sinne des BGB (§ 573 Abs. 2 Ziffer 3 Satz 2). Auf diesen Kündigungsgrund kann man sich dann berufen, wenn ein Hausverkauf wirtschaftlich notwendig – z. B. weil man stark überschuldet ist und die Tilgungsraten nicht mehr aufbringen kann – und ein Verkauf des Hauses nur möglich ist, wenn das Haus frei von Mietern ist.

Als Voraussetzung zum Verkauf

Aber: Die Möglichkeit, durch den Verkauf eines geräumten Hauses einen höheren Kaufpreis zu erzielen, genügt nach der Rechtsprechung *nicht*, um die Fortsetzung des Mietverhältnisses als einen erheblichen Nachteil anzusehen. Einen erheblichen Nachteil erleidet ein Vermieter erst dann, wenn er im vermieteten Zustand verkaufen muss und einen unzumutbar niedrigen Erlös erzielen wird.

Unzumutbar niedriger Erlös

Teilweise wurde ein Mindererlös von 15 % als ein erheblicher Nachteil angesehen.

i INFO

Die Anforderungen, die die Rechtsprechung an die Begründung dieses Kündigungsgrundes stellt, sind sehr hoch und bei Berufung auf diesen Kündigungsgrund muss man noch präziser und noch umfangreicher begründen, als es ohnehin schon bei Eigenbedarfskündigungen der Fall ist.

Sanierung oder Neuerrichtung

Die Kündigung ist grundsätzlich auch dann möglich, wenn der Vermieter das Haus abreißen und anschließend ein neues Haus errichten will, z. B. bei einem total veralteten und sanierungsbedürftigen Haus. Hier kann der Vermieter dann kündigen, wenn eine umfassende Sanierung des Objektes nur durch einen grundlegenden Eingriff in die Substanz möglich ist. Darüber hinaus muss der Vermieter darlegen, dass er dann erhebliche wirtschaftliche Einbußen erleidet, die ihm nicht zugemutet werden können, wenn er das Haus nicht umfassend und grundlegend sanieren kann.

Doch auch hier ist Vorsicht geboten. Wäre es dem Vermieter möglich, die Sanierung des Hauses nach und nach auch bei bestehendem Mietverhältnis durchzuführen, so kann er sich nicht auf diesen Kündigungsgrund berufen. Auch dann, wenn der Vermieter ein baufälliges Haus erworben hat, um es zu sanieren und anschließend Gewinn bringend weiterzuveräußern, so ist diese Renditeaussicht kein Grund für eine Beendigung des Mietverhältnisses.

TIPP

Wer fürchtet, dass er durch die Fortsetzung eines Mietverhältnisses gravierende wirtschaftliche Nachteile erleidet, der sollte sich vor einer entsprechenden Kündigung fachkundig beraten lassen.

Auf einen Kündigungsgrund wegen wirtschaftlichen Eigeninteresses kann man sich nicht berufen, wenn

- die Möglichkeit besteht, im Falle einer anderweitigen Vermietung als Wohnraum eine höhere Miete zu erzielen,
- der Vermieter die Mieträume im Zusammenhang mit einer Umwandlung in Wohnungseigentum veräußern will,
- nach Überlassung an den Mieter Wohnungseigentum begründet wurde. In diesem Fall kann sich der Ersterwerber vor Ablauf von drei bzw. bis zu zehn Jahren seit der Veräußerung an ihn (siehe Seite 110) nicht darauf berufen, dass er die Mieträume veräußern will.

Weitere Kündigungsgründe bei „berechtigtem Interesse“

Ein sonstiges berechtigtes Interesse, das zur ordentlichen Kündigung berechtigt, ist gegeben, wenn

- ein schuldunfähiger Mieter schwerwiegende Pflichtverletzungen begeht (Eine fristlose Kündigung eines Mietverhältnisses bei Pflichtverletzung ist nur dann möglich, wenn der Mieter schuldhaft handelt.),
- eine Gemeinde das Mietverhältnis über Wohnraum kündigt, weil sie die Wohnung zur Erfüllung öffentlich-rechtlicher Aufgaben benützt (BayObLG, WM 1984, Seite 32),
- eine gemeinnützige Wohnungsbaugenossenschaft eine erheblich unterbelegte Genossenschaftswohnung in der Absicht kündigt, sie an eine größere Familie mit entsprechendem Wohnbedarf zu vermieten (OLG Stuttgart, WM 1991, Seite 379),
- eine Werkswohnung gekündigt wird, nachdem das Dienstverhältnis mit dem Mieter beendet ist und der Vermieter den Wohnraum für einen anderen Bediensteten benötigt (OLG Stuttgart, WM 1991, Seite 330),
- der nachträgliche Wegfall der Grunderwerbssteuerbefreiung droht, weil der Vermieter die von ihm erworbene Eigentumswohnung nicht selbst nutzt (BayObLG, WM 1984, Seite 15),
- ein privater Träger der freien Wohlfahrtspflege ein Mietverhältnis kündigt, um seine satzungsmäßige Aufgabe (hier: Wiedereingliederung Suchtkranker in die Gesellschaft) zu erfüllen (LG Kassel, Urteil vom 15. August 1991, Az.: 1 S 395/91).

Ausschluss der Kündigung

Ein berechtigtes Interesse ist nicht anzunehmen, wenn

- das Mietverhältnis gekündigt wird, um eine höhere Miete zu erzielen (§ 573 Abs.1 Satz 2 BGB),

- das Haus verkauft werden soll. Der Grundsatz lautet: Kauf bricht nicht Miete (§ 566 BGB), und bedeutet, dass das Mietverhältnis unverändert fortbesteht und der Käufer in das bestehende Mietverhältnis eintritt;
- die Kündigung eines Mietverhältnisses nach einmonatiger Mietzeit erfolgt. In diesem Fall kann sich der Mieter auf die Härtegründe nach § 574 BGB berufen.

Anhand dieser Beispielsfälle wird deutlich, dass es für einen Vermieter nicht einfach ist, das Mietverhältnis mit einem vertragstreuen Mieter zu beenden.

Wie eine Kündigung nachträglich unwirksam wird

Stillschweigende Verlängerung

Die bestens ausformulierte Kündigung eines Mietverhältnisses nützt nichts, wenn die Regelung der stillschweigenden Verlängerung des Mietverhältnisses nach § 545 BGB übersehen wird.

Entgegenstehende Willenserklärung

Wird nach Ablauf der Mietzeit das Mietobjekt vom Mieter weiter genutzt, so gilt das Mietverhältnis als auf unbestimmte Zeit verlängert, sofern nicht der Vermieter oder der Mieter seinen entgegenstehenden Willen binnen einer Frist von zwei Wochen gegenüber dem anderen Teil erklärt. Die Frist beginnt für den Mieter mit der Fortsetzung des Gebrauchs, für den Vermieter mit dem Zeitpunkt, in welchem er von der Fortsetzung Kenntnis erlangt.

INFO

Kündigt der Vermieter zu einem bestimmten Zeitpunkt, so wird nach der gesetzlichen Regelung das Mietverhältnis trotzdem fortgesetzt, wenn der Vermieter zu spät der Fortsetzung des Mietverhältnisses widerspricht.

Jede Äußerung, die den Kündigungswillen des Vermieters und das Festhalten an der Kündigung erkennen lässt, genügt: ein Widerspruch, die Erhebung der Räumungsklage, die Bewilligung einer Räumungsfrist. Wichtig ist allerdings, dass dieser Widerspruch dem Mieter innerhalb von zwei Wochen zugeht. Zwei Beispiele aus der Praxis sollen dies verdeutlichen:

Äußerung des Kündigungswillens

BEISPIEL

Der Vermieter kündigt zum 30. Juni das Mietverhältnis fristgerecht. Der Mieter zieht nicht aus. Am 2. Juli erfährt der Vermieter, dass der Mieter nicht ausgezogen ist. Er unternimmt zunächst nichts und reicht am 2. August die Räumungsklage bei Gericht ein. Aufgrund § 545 BGB gilt das Mietverhältnis als auf unbestimmte Zeit verlängert. Der Vermieter muss erneut fristgerecht kündigen, bevor er eine Räumungsklage erheben kann.
Der Vermieter kündigt zum 30. Juni. Am 2. Juli erfährt er, dass der Mieter nicht ausgezogen ist. Am 4. Juli übergibt der Vermieter dem Mieter einen Brief (siehe Zugang von Kündigungsschreiben auf Seite 86 ff.) mit folgendem Inhalt: „Sie haben trotz der fristgerechten Kündigung das Mietobjekt nicht geräumt. Ich bin mit einer stillschweigenden Verlängerung des Mietverhältnisses nicht einverstanden und werde nunmehr Räumungsklage erheben." Am 2. August wird die Räumungsklage eingereicht. In diesem Fall gilt das Mietverhältnis nicht als „um unbestimmte Frist verlängert" und der Vermieter kann die Kündigung durchsetzen.

In Formularmietverträgen ist eine Regelung zu diesem Punkt enthalten. Diese Regelung sollte in etwa so lauten: „Eine stillschweigende Verlängerung des Mietverhältnisses gemäß § 545 BGB tritt im Falle der Kündigung nicht ein."

Auf Klausel im Vertrag achten

TIPP

Viele Mietvertragsformulare enthalten eine derartige Regelung nicht. Es ist daher im Falle einer Kündigung immer notwendig, schon im Kündigungsschreiben den Widerspruch gegen die stillschweigende Verlängerung des Mietverhältnisses zu erklären. Dies ist nach der Rechtsprechung zulässig.
Jedes Kündigungsschreiben sollte daher folgenden Satz enthalten: „Eine stillschweigende Verlängerung des Mietverhältnisses gemäß § 545 BGB wird ausdrücklich abgelehnt.“

Fehlt dieser Satz und es tritt eine stillschweigende Verlängerung ein, so ist dies besonders ärgerlich, wenn die Kündigungsfrist neun Monate beträgt. In diesem Fall ist für den Vermieter wertvolle Zeit verloren gegangen. Denn dann muss nochmals mit der Einhaltung der Kündigungsfrist von neun Monaten gekündigt werden.

Vorsicht: Falle bei langen Kündigungsfristen

Zusätzliche Mitteilung an Mieter

Beträgt die Kündigungsfrist sechs Monate oder gar neun Monate, so ist es nicht ausreichend, wenn man bereits im Kündigungsschreiben die stillschweigende Verlängerung des Mietverhältnisses gemäß § 568 BGB ablehnt (LG Kassel, Urteil vom 16. Juli 1992, Az.: 1 S 211/92).

Bei langen Kündigungsfristen ist es erforderlich, dass man einen Monat vor Ablauf der Mietzeit dem Mieter zusätzlich Folgendes mitteilt:

- Der Kündigungsgrund aus der schriftlichen Kündigung besteht noch.
- Die stillschweigende Verlängerung des Mietverhältnisses gemäß § 545 BGB wird noch einmal ausdrücklich abgelehnt.

BEISPIEL

Der Vermieter kündigt wegen Eigenbedarfs am 24. Juli 2002 fristgerecht zum 30. April 2003, da er die Wohnung für die Familie seines Sohnes benötigt. Das Mietverhältnis mit dem Mieter bestand zwölf Jahre. Im Kündigungsschreiben wird ausdrücklich die stillschweigende Verlängerung des Mietverhältnisses abgelehnt. Trotzdem ist es notwendig, circa zwei Monate vor Ablauf der Mietzeit, das heißt spätestens bis zum 28. Februar 2003, nicht nur darauf hinzuweisen, dass der in dem Kündigungsschreiben vom 24. Juli 2002 geltend gemachte Eigenbedarf noch immer besteht, sondern auch, dass die stillschweigende Verlängerung des Mietverhältnisses abgelehnt wird.

Werden diese Hinweise nicht beachtet, kann der Vermieter mit erheblichen Nachteilen rechnen.

Widerspruchsrecht des Mieters: Hinweispflicht des Vermieters

Das Gesetz gewährt dem Mieter einen weiteren Schutz:

- Der Mieter kann gegen die Kündigung Widerspruch wegen sozialer Härte einlegen.
- Der Vermieter muss den Mieter rechtzeitig auf den Widerspruch hinweisen. Dieser Widerspruch muss schriftlich erfolgen und sollte in dem Kündigungsschreiben deshalb gleich enthalten sein.

Formulierungsvorschlag: „Gemäß § 574 b BGB mache ich Sie darauf aufmerksam, dass Sie dieser Kündigung nach § 574 BGB widersprechen können. Der Widerspruch muss schriftlich erklärt werden.

Für den Fall der Widerspruchseinlegung verlange ich vorsorglich gemäß § 574b Abs. 1 BGB unverzüglich Auskunft über die

Gründe des Widerspruchs. Der Widerspruch muss nach § 574b Abs. 2 BGB spätestens zwei Monate vor der oben genannten Beendigung des Mietverhältnisses, also bis zum 28. Februar 2003, bei mir eingegangen sein.“

INFO

Fehlt dieser Hinweis auf den möglichen Widerspruch, dann kann der Mieter den Widerspruch noch im ersten Gerichtstermin des Räumungsrechtsstreites erklären. Der Mieter muss beim Widerspruch Form- und Fristvorschriften einhalten und verliert sein Widerspruchsrecht, wenn der Widerspruch nicht mindestens zwei Monate vor Ablauf der Kündigungsfrist beim Vermieter eingegangen ist.

Folge des Widerspruchrechts des Mieters

- Der Widerspruch macht die Kündigung grundsätzlich nicht unwirksam.
- Das Gericht muss aufgrund des Widerspruchs prüfen, ob die Beendigung des Mietverhältnisses eine Härte für den Mieter bedeuten würde, die auch unter Berücksichtigung der im Kündigungsschreiben angegebenen Kündigungsgründe des Vermieters eine Beendigung des Mietverhältnisses nicht rechtfertigt. Dies folgt aus § 574 BGB, der so genannten Sozialklausel.

Härtefälle Eine Härte ist dann gegeben, wenn angemessener Ersatzwohnraum zu zumutbaren Bedingungen nicht zu beschaffen ist (§ 574 Abs. 2 BGB).

Weitere Härtegründe, die zugunsten des Mieters zu berücksichtigen sind:

- Schwangerschaft,
- Schwierigkeiten bei der Beschaffung von Ersatzwohnraum für eine kinderreiche Familie,

- Krankheit, wenn diese den Mieter an der Suche nach Ersatzwohnraum hindert oder die Suche erschwert,
- Krankheit, wenn ein Umzug nachteilige Auswirkungen auf die Gesundheit des Mieters hätte,
- wenn ein Umzug erforderlich werden würde, weil der Ersatzwohnraum des Mieters erst in einigen Monaten zur Verfügung steht,
- hohes Alter und Krankheit sowie Verwurzelung im Umfeld, wenn die zu räumende Wohnung z. B. in unmittelbarer Nähe des betreuenden Kindes liegt,
- Schwierigkeiten beim Schulbesuch der Kinder, insbesondere wenn diese gerade eingeschult wurden,
- Prüfungsvorbereitungen.

Diese Fälle sind nur Beispiele. Daran können Vermieter jedoch schon erkennen, in welchen Fällen Sie sich mit den Härtegründen des Mieters eventuell näher auseinander setzen müssen.

Folgen der Härtegründe

Interessenabwägung

Liegen Härtegründe vor, so muss das Gericht die Interessen des Vermieters und die Härtegründe des Mieters gegenüberstellen und abwägen, welchen Gründen der Vorrang zu geben ist. Ziel des Widerspruchs des Mieters und von dessen Fortsetzungsverlangen ist eine Verlängerung des Mietverhältnisses auf bestimmte und unbestimmte Zeit.

Fortsetzung des Mietverhältnisses

Das Gericht hat dann die Möglichkeit, durch Urteil festzustellen, dass das Mietverhältnis sich bis zu einem bestimmten Zeitpunkt fortsetzt. Nur in Ausnahmefällen, wenn ungewiss ist, wann die Härtegründe wegfallen, darf das Gericht die Fortsetzung des Vertrages auf unbestimmte Zeit anordnen. Hat das Gericht dann in dem jeweiligen Fall das Mietverhältnis auf bestimmte Zeit durch Urteil fortgesetzt, so endet dieses fortgesetzte Mietverhältnis mit Ablauf der im Urteil bestimmten Frist, ohne dass noch einmal gekündigt werden muss. Allerdings ist wiederum die in § 545 BGB genannte „stillschweigende Verlängerung" zu beachten.

Denn wenn Ihr Mieter nicht ausziehen sollte, müssen Sie ihn schriftlich innerhalb von 14 Tagen nach Ablauf der vom Gericht genannten Frist zur Räumung auffordern.

Geltung der Sozialklausel

Die Sozialklausel gilt grundsätzlich bei Beendigung des Mietverhältnisses, also

- bei jeder ordentlichen Kündigung,
- bei der Beendigung des Mietverhältnisses durch Zeitablauf,
- bei der außerordentlich befristeten Kündigung durch den Vermieter.

Einschränkung der Sozialklausel

Die Sozialklausel gilt *nicht*, wenn die Beendigung des Mietverhältnisses vom Mieter veranlasst wurde oder wenn der Vermieter fristlos gekündigt hat (z. B. wegen Mietrückständen).

Die „Zweifamilienhaus-Kündigung"

Besondere Regelung

Für Häuser, in denen Vermieter und Mieter unter einem Dach wohnen, gelten besondere Kündigungsregelungen. Ein Mietverhältnis über eine Wohnung in einem vom Vermieter selbst bewohnten Wohngebäude mit nicht mehr als zwei Wohnungen (daher der Begriff Zweifamilienhaus-Kündigung) kann der Vermieter ohne Gründe kündigen (§ 573 a BGB). In diesen Fällen verlängert sich aber die Kündigungsfrist um drei Monate und der Vermieter muss in seinem Kündigungsschreiben ausdrücklich angeben, dass er die Kündigung nicht erklärt, weil ein berechtigtes Interesse besteht, sondern weil er sich auf den Ausnahmefall des § 573 a Abs. 1 BGB stützt.

Muster für eine Zweifamilienhaus-Kündigung:

MUSTERBRIEF

Linda und Max Möller
Ahornweg 15
34567 Bergdorf

15. Juni 2002

Eheleute Frey
Ahornweg 15

34567 Bergdorf

Sehr geehrte Frau Frey, sehr geehrter Herr Frey,

hiermit kündigen wir Ihnen das Mietverhältnis über die Dreizimmerwohnung in unserem von uns selbst bewohnten Zweifamilienhaus Ahornweg 15 in 34567 Bergdorf, Dachgeschoss, gem. § 573 a Abs.1 BGB fristgerecht zum 31. Juli 2003.
Da Ihnen die Wohnung am 1. Juni 1994, also vor acht Jahren, überlassen wurde, beträgt die Kündigungsfrist neun Monate. Diese Kündigungsfrist verlängert sich aber nach § 573 a Abs. 1 Satz 2 BGB um weitere drei Monate und beträgt daher zwölf Monate.
Gemäß § 573 a Abs.3 BGB weisen wir Sie hiermit ausdrücklich darauf hin, dass diese Kündigung auf § 573 a Abs. 1 BGB – erleichterte Kündigungsmöglichkeit – gestützt wird, weil im von uns bewohnten Haus nur zwei Wohnungen vorhanden sind. Daher bedarf die Kündigung auch keiner Begründung.
Gemäß § 574b BGB machen wir Sie darauf aufmerksam, dass Sie dieser Kündigung nach § 574 BGB widersprechen können. Der Widerspruch muss schriftlich erklärt werden. Für den Fall der Widerspruchseinlegung verlangen wir vorsorglich gemäß § 574 b Abs.1 BGB unverzüglich Auskunft über die Gründe des Widerspruchs. Der Widerspruch muss nach § 574 b Abs. 2 BGB spätestens zwei Monate vor der oben genannten Beendigung des Mietverhältnisses, also bis zum 31. Mai 2003, bei uns eingegangen sein.

Wir bitten Sie, die Wohnung nebst Kellerraum bis zum 31. Juli 2003 geräumt und entsprechend der Vereinbarung im Mietvertrag renoviert, gereinigt und mit allen Schlüsseln versehen zu übergeben. Wir bitten Sie, mit uns rechtzeitig einen Übergabetermin zu vereinbaren.
Sollten Sie die Wohnung nicht rechtzeitig, wie vorstehend angegeben, räumen, so machen wir Sie schon jetzt darauf aufmerksam, dass wir dann gemäß § 546 a BGB – unbeschadet weiterer Rechte – vom 1. August 2003 an, mindestens die Nutzentschädigung in Höhe der vereinbarten Miete oder der ortsüblichen Vergleichsmiete verlangen werden.

Eine stillschweigende Verlängerung des Mietverhältnisses nach § 545 BGB lehnen wir ausdrücklich ab.

(Unterschriften Linda und Max Möller)

In der Vergangenheit war es notwendig, auch in einem derartigen Kündigungsschreiben Gründe für die Beendigung des Mietverhältnisses anzugeben, da auch bei der „Zweifamilienhaus-Kündigung" die so genannte Sozialklausel gilt.

Nunmehr muss der Mieter nur auf sein Widerspruchsrecht hingewiesen werden. Es müssen vom Vermieter jedoch keine Gründe für die Beendigung des Mietverhältnisses angegeben werden (§ 574 Abs. 3 BGB). Es bleibt jedoch abzuwarten, ob die Rechtsprechung nicht doch wieder die Angabe der Gründe fordert.

Sonderfall Werkswohnungen

Verknüpfung mit Dienstverhältnis

Für die Kündigung von Mietverhältnissen von Wohnraum, der im Zusammenhang mit dem Bestehen eines Dienstverhältnisses dem Dienstverpflichteten überlassen worden ist, gelten aufgrund der Verknüpfung zwischen Dienstverhältnis und Wohnraummiete besondere Regelungen (§ 576 BGB).

Während der Dauer des Dienstverhältnisses gelten für die ordentliche Kündigung des Mietverhältnisses die eben beschriebenen allgemeinen Regelungen. Darüber hinaus ist zu beachten, dass in derartigen Fällen die Vertragsparteien regelmäßig vereinbart haben, dass die ordentliche Kündigung während der Dauer des Dienstverhältnisses ganz ausgeschlossen ist. Nach Beendigung des Dienstverhältnisses wird dem Vermieter das Recht zur ordentlichen Kündigung erleichtert:

Oft Ausschluss der ordentlichen Kündigung

- Es gelten verkürzte Kündigungsfristen gemäß § 576 BGB von drei Monaten, wenn der Wohnraum für einen anderen Dienstverpflichteten benötigt wird.
- Die Sozialklausel ist gemäß § 576 a BGB eingeschränkt.

Im Rahmen der Sozialklausel sind auch die Belange des Dienstberechtigten zu berücksichtigen. Die Sozialklausel findet keine Anwendung, wenn die Art der Tätigkeit ein Wohnen in der Nähe des Arbeitsplatzes erforderte (z. B. bei Hausmeistern oder Filialleitern einer Sparkasse), und der Nachfolger in gleicher Funktion in die Wohnung einziehen will oder wenn der Mieter selbst das Dienstverhältnis gelöst oder dem Vermieter durch sein Verhalten Anlass zur Beendigung des Dienstverhältnisses gegeben hat.

Sozialklausel

Die fristlose Kündigung durch den Vermieter

Das Gesetz gibt beiden Vertragsparteien die Möglichkeit, das Mietverhältnis durch Kündigung sofort und ohne Rücksicht auf die Kündigungsfristen oder einen vertraglich vereinbarten Endzeitpunkt des Mietverhältnisses zu beenden. Die fristlose Kündigung ist dann möglich, wenn Vertragsstörungen von erheblichem Gewicht vorliegen.

Gründe

Gründe zur fristlosen Kündigung können sein:

- vertragswidriger Gebrauch (§ 543 Abs. 2 Nr. 2 BGB),
- Zahlungsverzug (§ 543 Abs. 2 Nr. 3 BGB),
- Störung des Hausfriedens (§ 569 Abs. 2 BGB).

Fristlose Kündigung bei vertragswidrigem Gebrauch des Mietobjektes

Dem Vermieter steht das Recht zur fristlosen Kündigung nach § 543 Abs. 2 Nr. 2 BGB zu, wenn

- der Mieter die Mietsache vertragswidrig gebraucht,
- der Vermieter den Mieter abgemahnt und auf Einhaltung des Mietvertrages hingewiesen hat,
- der Mieter oder der Dritte, der die Wohnung tatsächlich nutzt, den vertragswidrigen Gebrauch fortgesetzt hat und dieser Gebrauch die Rechte des Vermieters in erheblichem Maße verletzt.

Unerlaubte Überlassung

Die unerlaubte Überlassung der Wohnung an einen Dritten, zum Beispiel Untervermietung, ist bereits eine erhebliche Pflichtverletzung (OLG Frankfurt, Rechtsentscheid, DWW 1988, Seite 347). Eine fristlose Kündigung ist jedoch dann ausgeschlossen, wenn der Mieter einen Anspruch auf die Erlaubnis hat, einen Dritten, einen Untermieter oder Lebensgefährten (egal ob gleichgeschlechtlich oder andersgeschlechtlich) aufzunehmen (Bayerisches Oberstes Landesgericht, Rechtsentscheid NJW-RR 1991, Seite 461). Nicht jede Untervermietung berechtigt also den Vermieter zur fristlosen Kündigung des Mietverhältnisses.

In folgenden Fällen wurde seitens der Gerichte ein Interesse des Mieters an einer Untervermietung bejaht:

- bei Auflösung einer eheähnlichen Gemeinschaft,
- Angst vor Vereinsamung,

- vorübergehende Aufnahme von Verwandten, um diesen bei der Lösung der familiären Probleme zu helfen,
- wenn ein Mieter infolge der Auflösung einer Wohngemeinschaft die Miete nicht mehr bezahlen kann,
- wenn ein Mieter seine Berufstätigkeit einschränken will und die Untermiete als Unterhalt benötigt.

Verletzung der Obhutspflicht

Ein weiterer Fall des vertragswidrigen Gebrauchs ist dann gegeben, wenn der Mieter seine Obhutspflicht verletzt und die Pflichtverletzung die Mietsache erheblich gefährdet. Dem Vermieter muss der Eintritt eines erheblichen Schadens drohen. Dies ist dann gegeben, wenn z. B.

- der Mieter die Heizkörper bei Frost zudreht,
- der Mieter mehrmalige Wasserschäden verursacht (AG Wiesbaden, NJW-RR, 1992, 76),
- Brandgefahren verursacht werden.

Gewerblicher Missbrauch

Vertragswidriger Gebrauch liegt auch dann vor, wenn Wohnraum zu gewerblichen Zwecken genutzt wird und die gewerbliche Tätigkeit des Mieters die Mitmieter stört. Beispiele:

- Betrieb einer Anwalts-, Arzt- oder Steuerberaterpraxis in den Wohnräumen,
- Verkauf von Bier und Lebensmitteln,
- Tätigkeit als Tagesmutter, wenn diese Tätigkeit über den üblichen Rahmen einer Nutzung als Wohnung hinausgeht (LG Berlin, NJW-RR 93, Seite 970).

Erlaubt sind

- schriftstellerische und wissenschaftliche Arbeiten,
- gelegentliche, nicht störende Büroarbeiten,
- nicht störende Heimarbeiten einer Näherin,
- Erteilung von Nachhilfeunterricht.

Überbelegung Die Überbelegung von Wohnraum kann auch zu einer fristlosen Kündigung berechtigen, nämlich dann, wenn eine 54 qm große Wohnung von zwei Erwachsenen und sechs Kindern belegt ist (OLG Karlsruhe, Rechtsentscheid, NJW 1987, Seite 1952).

Abmahnung: Zwingende Voraussetzung vor fristloser Kündigung

Schriftform In den oben genannten Fällen ist eine fristlose Kündigung des Mietverhältnisses dann möglich, wenn der Vermieter eine Frist zur Abhilfe oder eine Abmahnung ausgesprochen hat und der Mieter trotzdem den vertragswidrigen Gebrauch fortsetzt. Die Frist zur Abhilfe oder Abmahnung ist dabei eine zwingende Voraussetzung.

Sie muss schriftlich erklärt werden und – wie bei einer Kündigung – allen Mietern zugehen; der vertragswidrige Gebrauch muss so genau wie möglich bezeichnet werden.

MUSTERBRIEF

Sehr geehrte Frau Muster, sehr geehrter Herr Muster,

aufgrund des schriftlichen Mietvertrages vom ... haben Sie die Wohnung im ersten Geschoss des Hauses ... angemietet. Nunmehr habe ich festgestellt, dass folgende Vertragsverstöße aufgetreten sind: ... (Sachverhalte so genau wie möglich darstellen). Dieses Verhalten stellt einen vertragswidrigen Gebrauch dar. Gemäß § 543 BGB kann ich das Mietverhältnis kündigen, wenn Sie Ihren vertragswidrigen Gebrauch fortsetzen.
Wir fordern Sie auf, unverzüglich das vertragswidrige Verhalten einzustellen und sich zukünftig vertragsgetreu zu verhalten. Sollten Sie weiterhin gegen die vertraglichen Verpflichtungen verstoßen, so drohen wir Ihnen hiermit die fristlose Kündigung an. Dieses Schreiben stellt die Abmahnung vor Ausspruch der fristlosen Kündigung dar.

Mit freundlichen Grüßen

Sollte sich ein Mieter nach einer Abmahnung auch weiterhin vertragswidrig verhalten, kann das Mietverhältnis fristlos gekündigt werden.

INFO

Wenn Sie als Vermieter zu lange warten, dann verlieren Sie das Recht zur fristlosen Kündigung. Teilweise verlangt die Rechtsprechung, dass der Vermieter die fristlose Kündigung binnen einer Frist von zwei Wochen, nachdem er die Fortsetzung des vertragswidrigen Gebrauchs festgestellt hat, erklären muss.

Eventuell fristgerechte Kündigung

Da die Gründe, die den Vermieter zur fristlosen Kündigung des Mietverhältnisses berechtigen, auch immer einen Grund für eine fristgerechte Kündigung gemäß § 573 Abs. 2 Ziffer 1 BGB darstellen, ist es empfehlenswert, zugleich im Kündigungsschreiben auch vorsorglich die fristgerechte Kündigung aus den gleichen Gründen unter Angabe des entsprechenden Zeitpunktes auszusprechen. Greift die fristlose Kündigung nicht, weil das Gericht der Auffassung ist, dass die Verstöße zu gering sind, dann kann aber noch die fristgerechte Kündigung „greifen“.

Natürlich wird das Kündigungsschreiben dann etwas länger ausfallen, denn für die fristgerechte Kündigung müssen Sie den Mieter auch auf sein Widerspruchsrecht hinweisen.

Fristlose Kündigung bei Zahlungsverzug

Gewisses Ausmaß

Wenn der Mieter mit der Entrichtung der Miete in Verzug geraten ist und der Mietrückstand ein gewisses Ausmaß angenommen hat, dann kann der Vermieter das Mietverhältnis fristlos kündigen (§ 543 Abs. 2 Nr. 3 BGB).

Die fristlose Kündigung ist möglich,

- wenn der Mieter mit der Miete für zwei aufeinander folgende Monate ganz oder mit Teilbeträgen, die mehr als eine Mo-

natsmiete betragen, im Rückstand ist (Beispiel: Die Miete für den August fehlt ganz, die Septembermiete wird nur zu 80 % gezahlt);
- wenn der Mieter über längere Zeit mit Teilbeträgen im Rückstand ist, die insgesamt zwei Monatsmieten ausmachen (Beispiel: Der Mieter zahlt vier Monate hintereinander nur 50 % der Miete).

Die Kündigung wegen Nichtzahlung der Miete ist jedoch nur wirksam,
- wenn der Mieter nicht berechtigt ist, die Miete wegen Mängeln der Mietsache zu mindern (Beispiel: Am Beginn des ersten Monats hat der Mieter angezeigt, dass die Heizung ausgefallen ist und nicht funktioniere und dass er aus diesen Gründen die Miete um 50 % mindere);
- wenn er nicht mit Gegenansprüchen aufrechnen kann (z. B. wegen notwendiger selbst erbrachter Installationen).

Eine Kündigung ist *nicht* möglich wegen
- Nichtzahlung der Kaution,
- Nichtzahlung der Kosten der gegeneinander geführten Prozesse,
- Schadenersatzansprüchen,
- Nichtzahlung des Abrechnungssaldos aus der Neben- und Betriebskostenabrechnung.

Bedingung für fristlose Kündigung: Verzug der Mietzahlungen

Mietvorauszahlung

Der Zeitpunkt der Fälligkeit der Miete für Wohnraum ist gem. § 556b Abs. 2 BGB auf den Beginn der Mietzeit verlegt worden. Wenn eine monatliche Mietzahlung vereinbart ist, dann muss der Mieter die Miete bis zum dritten Werktag eines jeden Monats im Voraus entrichten.

Das Aufrechnungs- und Zurückbehaltungsrecht des Mieters ist geregelt und kann nicht mehr vertraglich ausgeschlossen werden. Der Mieter kann gegenüber der Mietforderung mit der ihm zustehenden Forderungen auf Schaden- und Aufwendungsersatzanspruch, Ersatz sonstiger Aufwendung oder wegen zu viel gezahlter Miete aufrechnen, wenn er seine Absicht dem Vermieter mindestens einen Monat vor Fälligkeit der Miete angezeigt hat.

Unwirksamkeit der Kündigung wegen Zahlungsverzuges

Die fristlose Kündigung wegen Zahlungsverzuges wird dann unwirksam,

- wenn der Mieter die Miete zahlt oder
- eine öffentliche Stelle (Sozialamt oder Wohngeldstelle) sich zur Befriedigung verpflichtet.

Die Zahlung oder Erklärung der öffentlichen Stelle muss dann bis zum Ablauf von zwei Monaten nach Zustellung der Räumungsklage beim Vermieter eingegangen sein (§ 569 Abs. 3 Nr. 2 BGB).

BEISPIEL

Die Miete für April und Mai wurde nicht gezahlt. Der Vermieter kündigt fristlos am 7. Mai und erhebt am 17. Mai die Räumungsklage, die dem Mieter am 5. Juli zugestellt wird. Der Mieter muss bis zum 5. September alle rückständigen Mieten (April bis September) bezahlen oder die Verpflichtungserklärung der öffentlichen Stelle vorlegen, dass die rückständige Miete gezahlt wird.
Danach muss der Vermieter den Rechtsstreit in der Hauptsache für erledigt erklären und beantragen, dem Mieter die Prozesskosten aufzuerlegen.

Eine Rücknahme der Klage bringt in diesem Fall für Sie als Vermieter nur Kostennachteile. Der Mieter hat allerdings nur einmal innerhalb von zwei Jahren die Möglichkeit, die fristlose Kündigung bei Zahlungsverzug durch Nachzahlung unwirksam werden zu lassen und die Räumungsklage auf diese Weise von sich abzuwenden.

INFO

Die Möglichkeit, durch Zahlung die fristlose Kündigung unwirksam zu machen, gilt nicht, wenn der Vermieter eine fristgemäße Kündigung wegen erheblicher Vertragsverletzung (Begründung: Mietrückstände) ausspricht (§ 573 Abs. 2 Nr. 1 BGB).

Aufhebung möglich

Ein Mieter kann eine wirksame Kündigung auch dadurch unwirksam machen, dass er zulässigerweise mit ihm zustehenden Gegenforderungen aufrechnet. Diese Regelungen sind für den Wohnraum zwingend. Eine anderweitige Regelung zum Nachteil des Mieters ist nicht möglich. Die Möglichkeit, durch Nachzahlung der Miete eine Kündigung unwirksam zu machen, besteht nur bei Mietverträgen über Wohnraum.

Ausnahme bei Geschäftsräumen

Bei sonstigen Mietverträgen und insbesondere auch Mietverträgen über Geschäftsraum gelten diese Schutzvorschriften zugunsten des Mieters nicht. Wenn dem Mieter von Geschäftsraum die fristlose Kündigung ausgesprochen wurde, dann bleibt die Kündigung wirksam und es kann Räumungsklage erhoben werden, auch wenn der Mieter die Miete nachzahlt.

Fristlose Kündigung bei Störung des Hausfriedens

Schuldhafte Verletzung

Eine fristlose Kündigung des Mietverhältnisses gemäß § 569 Abs. 2 BGB ist dann möglich, wenn eine Vertragspartei den Hausfrieden nachhaltig stört. Dieser Kündigungsgrund gilt sowohl für den Vermieter als auch für den Mieter.

Gravierende Verstöße

Die Vertragsverstöße müssen vom Mieter schuldhaft verursacht worden und so gravierend sein, dass dem Vermieter die Fortsetzung des Mietverhältnisses – unter Abwägung der beiderseitigen Interessen – nicht zugemutet werden kann. Obwohl nach dem Gesetz nicht erforderlich, ist es in diesen Fällen immer empfehlenswert, den Mieter wegen der nachhaltigen Störung des Hausfriedens vorher schriftlich abzumahnen. Damit kann man dokumentieren, dass der Mieter seine Vertragspflichten schuldhaft verletzt. Bei besonders gravierenden Verstößen (grobe Beleidigung, Bedrohung von Mitmietern, tätliche Angriffe, Diebstahl) dürfte eine Abmahnung nicht notwendig sein.

Folgende Gründe berechtigen zur fristlosen Kündigung:

- Störung des Hausfriedens durch Beleidigung, Tätlichkeit gegenüber dem Vermieter oder Mitbewohnern
- häufig vorkommende Ruhestörung zur Abend- oder Nachtzeit sowie an Sonn- und Feiertagen.

Nicht zur fristlosen Kündigung berechtigen:

- gelegentliches kurzes Bellen von Hunden,
- kurzfristige Verunreinigung im Treppenhaus,
- Hämmern und Klopfen des Mieters, der gerade eingezogen ist und seine Wohnung herrichtet.

Fristlose Kündigung aus wichtigem Grund

Ausführliche Begründung

Das Mietverhältnis kann jederzeit gemäß § 543 Abs. 1 BGB aus wichtigem Grund gekündigt werden. Ein wichtiger Grund liegt vor, wenn dem Kündigenden unter Berücksichtigung aller Umstände des Einzelfalls und unter Abwägung der beiderseitigen Interessen die Fortsetzung des Mietverhältnisses bis zum Ablauf der Kündigungsfrist nicht zugemutet werden kann. Diese Generalklausel kann nur bei erheblichen Vertragsverstößen angewandt werden und erfordert bei Verletzung von vertraglichen

Verpflichtungen gemäß Abs. 3 regelmäßig eine schriftliche Abmahnung des Mieters.

Ein derartiger wichtiger Grund ist bei mangelnder Zahlungsmoral des Mieters anzunehmen, wenn er die Miete – trotz Abmahnung – fortlaufend unpünktlich zahlt.

Form der fristlosen Kündigung

Hier gelten die gleichen Rechte wie bei der fristgerechten Kündigung (siehe Seite 90 ff.). Sie müssen eine fristlose Kündigung auch begründen. Weiterhin muss auch hier die Fortsetzung des Mietverhältnisses gemäß § 545 BGB abgelehnt werden (siehe Seite 116 ff.). Die fristlose Kündigung beendet das Mietverhältnis mit Zugang der fristlosen Kündigung. Der Mieter kann aber auch bei der fristlosen Kündigung eine kurze Frist zur Räumung der Wohnung beanspruchen. Verschiedentlich haben Amtsgerichte entschieden, dass zwischen Zustellung der Kündigung und Zustellung der Räumungsklage mindestens eine Frist von einer Woche liegen muss.

INFO

Wird mit der Erklärung der fristlosen Kündigung, insbesondere bei Anwendung der fristlosen Kündigung wegen vertragswidrigem Gebrauch oder Pflichtverletzungen, zu lange gewartet, dann verlieren Sie als Vermieter Ihr Recht zur fristlosen Kündigung.

Schnell reagieren

Gerichte orientieren sich üblicherweise an der Zweiwochenfrist des § 626 BGB. Nach dieser Regelung kann die Kündigung nur innerhalb von zwei Wochen nach Kenntnis von dem Vertragsverstoß oder der Pflichtverletzung erfolgen (626 Abs. 2 BGB).

TIPP

Schnelles Handeln ist daher dringend zu empfehlen.

Besondere Kündigungsfristen

Lange Mietlaufzeiten

In einigen Fällen gibt es für den Vermieter die Möglichkeit, das Mietverhältnis mit gesetzlicher Frist zu kündigen. Auch Mietverträge, die für länger als 30 Jahre abgeschlossen wurden, sind gültig. Sie können aber nach Ablauf von 30 Jahren unter Einhaltung der gesetzlichen Kündigungsfrist außerordentlich gekündigt werden. Bei Wohnraummietverhältnissen kann der Vermieter diese Kündigung aber nur dann erklären, wenn er ein berechtigtes Interesse hat. Wer im Rahmen der Zwangsversteigerung ein Grundstück ersteigert, kann sich auf das außerordentlich befristete Kündigungsrecht des § 57a Zwangsversteigerungsgesetz berufen.

Aber auch hier gilt: Der Ersteher und zukünftige Vermieter muss ein berechtigtes Interesse an der Beendigung des Mietverhältnisses gemäß § 573 Abs. 1, 2 BGB haben und der Mieter kann aufgrund der Sozialklausel widersprechen.

Keine Kündigungsgründe sind:

- Der Tod des Mieters: In den §§ 563 ff. BGB wird geregelt, wer auf Mieterseite in das Mietverhältnis eintritt.
- Der Verkauf des Wohnraumes (§ 566 BGB); hier tritt der Erwerber in das Mietverhältnis ein.

Besitzverhältnisse berücksichtigen

Bei dem Grundsatz „Kauf bricht nicht Miete" des § 566 BGB muss allerdings noch Folgendes beachtet werden: Dieser Grundsatz gilt nur, wenn die Person des Verkäufers, Vermieters und Grundstückseigentümers bzw. Wohnungseigentümers identisch ist. Dies hat unter Umständen erhebliche Konsequenzen, wenn das Grundstück im Eigentum beispielsweise der Ehefrau steht, der Ehemann aber der alleinige Vermieter ist, ohne in Vertretung für seine Ehefrau zu handeln.

Bei einem Verkauf des Grundstücks mit den Mietwohnungen durch die Ehefrau bleibt der Ehemann Vermieter, da in diesem

Fall der Übergang gemäß § 566 BGB nicht eintritt. Somit muss dieser eventuell Schadensersatz für den Mieter leisten.

Eindeutigkeit wichtig

Möglicherweise gilt etwas anderes, wenn die Ehefrau und Eigentümerin der Vermietung durch ihren Ehemann zugestimmt hat. Bisher wurde dies noch nicht eindeutig von der Rechtsprechung geklärt. Der Vermieter, der nicht Eigentümer ist, sollte daher sicherheitshalber seine Vertretung klarstellen.

MUSTERBRIEF

Linda und Max Möller
Ahornweg 15
34567 Bergdorf

15. September 2002

Eheleute Frey
Ahornweg 15
34567 Bergdorf

Fristlose Kündigung

Sehr geehrte Frau Frey, sehr geehrter Herr Frey,

hiermit kündigen wir Ihnen das zwischen uns bestehende Mietverhältnis gemäß § 543 Abs. 1 BGB, da Sie die Miete für die Monate August und September 2002 nicht bis zum dritten Werktag gezahlt haben. Wir setzen Ihnen zur Übergabe der Wohnung (nebst Kellerraum) im geräumten Zustand eine Frist bis zum 30. September 2002. Sollten Sie die Wohnung nicht rechtzeitig räumen, werde ich in der nächsten Zeit unverzüglich Räumungsklage erheben.
Sollten Sie die Wohnung nicht rechtzeitig räumen, so machen wir Sie schon jetzt darauf aufmerksam, dass wir dann gemäß § 546 a BGB – unbeschadet weiterer Rechte – vom 1. Oktober 2002 an mindestens die Nutzentschädigung in Höhe der vereinbarten Miete oder der ortsüblichen Vergleichsmiete verlangen werden. Eine stillschweigende Verlängerung des Mietverhältnisses gemäß § 545 BGB über den Ihnen genannten Räumungstermin hinaus lehnen wir ab.

Mit freundlichen Grüßen
(Unterschriften Linda und Max Möller)

Kündigung durch den Mieter

Nicht nur der Vermieter hat das Recht, in bestimmten Fällen das Mietverhältnis zu kündigen, auch der Mieter hat die Möglichkeit, bestimmte Gründe für eine außerordentliche Kündigung geltend zu machen.

Der Mieter kündigt fristgerecht

Fristen, die zu beachten sind

Der Mieter kann, wenn nicht ein befristetes Mietverhältnis abgeschlossen wurde, jederzeit kündigen und muss lediglich die Kündigungsfristen des § 573 c Abs. 1 BGB (3 Monate) berücksichtigen. Sind im Mietvertrag kürzere Kündigungsfristen vereinbart, so ist Folgendes zu beachten:

- Abweichend vom Gesetz vereinbarte Kündigungsfristen sind für den Vermieter ungültig, für den Mieter aber wirksam.
- Auch für den Mieter gilt, dass eine Kündigung nur zu einem Monatsende möglich ist, Kündigungen zum 15. eines Monats sind nicht möglich.
- Die Kündigung eines Mieters muss auch schriftlich erfolgen und von eigener Hand – bei mehreren Mietern von allen Mietern – unterzeichnet sein. Allerdings muss der Mieter seine Kündigung nicht begründen.
- Ist die Kündigung dem Vermieter erst einmal zugegangen, dann kann der Mieter die Kündigung nicht einseitig widerrufen oder sich auf die Sozialklausel berufen.

Zieht der Mieter nach Ablauf der Kündigungsfrist nicht aus, sondern bleibt in der Wohnung, so wird das Mietverhältnis fortgesetzt (§ 545 BGB).

TIPP

Wenn der Vermieter also will, dass der Mieter auch tatsächlich auszieht, muss er unverzüglich nach Ablauf der Kündigungsfrist dem Mieter gegenüber schriftlich erklären, dass er eine stillschweigende Verlängerung des Mietverhältnisses ablehnt. Diese Erklärung muss dem Mieter innerhalb der Zweiwochenfrist nach Ablauf der Mietzeit zugehen.

Räumungsklage Die Erhebung einer Räumungsklage bei Gericht nützt in der Regel nichts, da erfahrungsgemäß Räumungsklagen erst nach Ablauf der Zweiwochenfrist des § 545 BGB dem Mieter zugestellt werden.

Der Mieter kündigt fristlos

Gründe Ein Mieter kann in bestimmten Fällen ohne Einhaltung der oben dargestellten Kündigungsfristen bzw. vor Ablauf der im Mietvertrag vereinbarten Mietzeit das Mietverhältnis für seine Wohnung kündigen.

Kündigungsgründe bei Pflichtverletzung des Vermieters (§ 543 Abs. 1 BGB)

Diese Kündigung steht dem Mieter zu, wenn

- andere Mitmieter den Hausfrieden erheblich stören und der Vermieter gegen die störenden Mieter nicht vorgeht,
- der Vermieter den Hausfrieden durch ständiges Feiern stört,
- der Vermieter Wohnungen im Wohnhaus an Mieter zur Ausübung der Prostitution vermietet.

Kündigung wegen Nichtgewährung des Gebrauchs (§ 543 Abs. 2 Nr. 1 BGB)

Dieses Kündigungsrecht steht dem Mieter zu, wenn ihm der vertragsgemäße Gebrauch der Mietsache ganz oder zum Teil nicht rechtzeitig gewährt oder wieder entzogen wird.

In folgenden Beispielen ist eine Kündigung berechtigt:

- Der Vermieter übergibt das Mietobjekt zu Beginn der vereinbarten Mietzeit nicht rechtzeitig.
- Der Vermieter wechselt das Schloss zur Wohnungs- oder Geschäftseingangstür aus.
- Die Wohnung ist mit Ungeziefer befallen.
- Durch Bauarbeiten am Mietobjekt ist dem Mieter der Zugang zur Wohnung nicht möglich.
- Ausfall der Heizung oder ungenügende Beheizung.

Frist zur Mängelbeseitigung

Der Mieter kann dieses Kündigungsrecht in einigen Fällen nur ausüben, wenn der Mieter dem Vermieter eine angemessene Frist zur Beseitigung des Mangels gesetzt hat und der Vermieter die Frist verstreichen ließ, ohne Abhilfe zu schaffen.

Es gibt keine Pauschalregel, wie lange eine angemessene Frist ist. Beim Ausfall der Heizung an Tagen mit tiefsten Frosttemperaturen kann sich eine angemessene Frist auf allenfalls ein oder zwei Tage belaufen, bei nicht so dringenden Mängeln können es durchaus zwei bis drei Wochen sein.

Gesundheitsgefährdung (§ 569 Abs. 1 BGB)

Erhebliche Gefahr

Das Recht zur fristlosen Kündigung durch den Mieters besteht auch dann, wenn die Mieträume in einem gesundheitsgefährdenden Zustand sind. Dieses Kündigungsrecht kann der Mieter ausüben, wenn die Räume in ihrem gegenwärtigen Zustand eine erhebliche Gesundheitsgefahr für alle Bewohner oder Benutzer, einzelnen Gruppen – beispielsweise Kinder oder alte Menschen –

oder für einzelne Personen – z. B. Allergie- und Rheumakranke – darstellen.

TIPP

Dieses Recht des Mieters besteht auch, wenn der Vermieter den gesundheitsgefährdenden Zustand der Mieträume nicht verschuldet hat.

Hat der Mieter jedoch selbst den gesundheitsgefährdenden Zustand der Mieträume verschuldet, weil er beispielsweise Bauplatten mit einer hohen Formaldehydkonzentration eingebaut hat, so kann sich der Mieter natürlich nicht auf dieses Recht berufen.

Sonderkündigungsrechte des Mieters

Drei Monate zum Ende des Kalendermonats

In verschiedenen Fällen kann der Mieter mit der gesetzlichen Frist von drei Monaten zum Ende eines Kalendermonats kündigen, auch wenn das Mietverhältnis befristet ist.

Kündigung bei verweigerter Untermietererlaubnis

Wenn der Vermieter seine Erlaubnis verweigert, die gemieteten Räume ganz oder teilweise unterzuvermieten, so kann der Mieter das Mietverhältnis mit der dreimonatigen Frist kündigen. Dies wird häufig bei befristeten Mietverträgen genutzt, um vorzeitig das Mietverhältnis zu kündigen (§ 540 Abs. 1 BGB).

TIPP

Als Vermieter sollte man mit der Verweigerung der Untermieterlaubnis vorsichtig sein, wenn man an der Fortsetzung des Mietverhältnisses mit dem betreffenden Mieter interessiert ist. Man sollte nicht vorschnell die Erlaubnis zur Untervermietung verweigern.

Tod des Mieters: Die Erben treten in den Vertrag ein

Ende erst durch Kündigung

Entgegen allgemeiner Auffassung endet ein Mietvertrag auch beim Tod eines allein stehenden Mieters nicht. Der Mietvertrag ist von den Erben weiterhin zu erfüllen, wenn er nicht vom Vermieter oder den Erben gekündigt wird (§ 564 BGB). Dieses Kündigungsrecht haben die Erben aber nur, wenn nicht andere Personen (Familienangehörige, Haushaltsangehörige oder Lebenspartner) aufgrund deren eigener Rechte in das Mietverhältnis eintreten.

Unabhängig von der Laufzeit kann in diesem Fall der Mietvertrag mit der gesetzlichen Kündigungsfrist von drei Monaten zum Ende eines Monats gekündigt werden, aber nur innerhalb eines Monats seit Kenntnis. Die Kündigung aufgrund der Sonderregelung des § 564 BGB muss also geschehen, sobald der Vermieter oder die Erben des Mieters vom Tod des Mieters und vom Fortbestehen des Mietvertrages mit den Erben Kenntnis erhalten haben. Es kommt nicht darauf an, ob die Erben die Erbschaft angenommen haben. Das Gesetz stellt allein auf den Zeitpunkt der Kenntnis vom Tod des Mieters und des Nichteintrittes Dritter in den Mietvertrags ab.

Tod des Mieters: Die Familienangehörigen treten in den Vertrag ein

Gemeinsamer Hausstand

Gemäß § 563 BGB tritt bei einem Mietverhältnis der Ehegatte, der mit dem Mieter im gemeinsamen Hausstand lebte, mit dem Tod des Mieters in das Mietverhältnis ein. Dies gilt auch für einen oder mehrere Familienangehörige, die mit dem Verstorbenen einen gemeinsamen Hausstand führen.

Es kann daher sein, dass beim Tod des Mieters mehrere Personen im Hausstand leben (beispielsweise Ehemann und die beiden volljährigen Töchter), sodass in diesem Fall dann das Mietverhältnis mit den Töchtern fortgeführt wird, weil der Ehemann nicht in das Mietverhältnis eintritt.

Der berechtigte Familienangehörige hat allerdings die Möglichkeit, binnen eines Monats, nachdem er von dem Tod des Mieters Kenntnis erlangt hat, dem Vermieter gegenüber zu erklären, dass er das Mietverhältnis nicht fortsetzen will. Dann werden die Erben die Mieter.

INFO

Der Vermieter muss allerdings nicht jeden Familienangehörigen als Mieter akzeptieren. Gemäß § 563 Abs. 4 BGB kann der Vermieter das Mietverhältnis unter Einhaltung der gesetzlichen Frist kündigen, wenn in der Person des Ehegatten oder Familienangehörigen, der in das Mietverhältnis eingetreten ist, ein wichtiger Grund für die Ablehnung vorliegt. Diese Kündigung kann der Vermieter aber nur innerhalb eines Monats nach Eintritt des Dritten in das Mietverhältnis aussprechen.

Wenn mehrere Personen das Mietverhältnis über den Wohnraum gemeinsam abgeschlossen haben und den gemeinsamen Haushalt führten, dann wird gemäß § 563a BGB das Mietverhältnis mit dem überlebenden Mieter allein fortgesetzt. Dieser kann aber innerhalb eines Monats kündigen.

Eintrittsrecht des Lebenspartners

Neu ist in § 563 Abs. 1 BGB geregelt, dass auch ein Lebenspartner – und damit auch ein gleichgeschlechtlicher Lebenspartner – in das Mietverhältnis eintreten kann. Voraussetzung ist, dass zwischen den Partnern eine Lebensgemeinschaft besteht, die auf Dauer angelegt ist und keine weiteren Bindungen gleicher Art zulässt und über eine reine Wohn- und Wirtschaftsgemeinschaft hinausgeht. Eingetragene Lebenspartner im Sinne des „Lebenspartnerschaftsgesetzes“ sind auf jeden Fall davon erfasst.

Kündigung bei Modernisierung

Gegen Mieterwillen

Der Vermieter hat das Recht, eine Wohnungsmodernisierung auch gegen den Willen des Mieters durchzuführen. Voraussetzung ist, dass es sich um bestimmte, im Gesetz benannte Maßnahmen (siehe dazu auch Mieterhöhung bei Modernisierung Seite 77 f.) handelt. Der Vermieter muss dem Mieter drei Monate vor Beginn der Maßnahme deren Art, Umfang und voraussichtliche Dauer sowie die zu erwartende Mieterhöhung schriftlich mitteilen (§ 554 BGB). Der Mieter ist dann berechtigt, bis zum Ablauf des Monats, der auf den Zugang der Mitteilung folgt, für den Ablauf des nächsten Monats zu kündigen.

BEISPIEL

Der Vermieter teilt dem Mieter am 16. März mit, dass die Wohnung ab Juli umgebaut werden soll. Der Mieter kann bis zum 30. April die Wohnung zum 31. Mai kündigen. Kündigt der Mieter, so muss der Vermieter mit der Durchführung der Modernisierungsmaßnahme bis zum Auszug des Mieters warten.

Kündigung bei Mieterhöhung

Die Möglichkeit zur Erhöhung der Miete wurden auf Seite 58 ff. erläutert. Der Mieter hat das Recht, bei Mieterhöhung ohne Rücksicht auf die Befristung eines Mietverhältnisses zu kündigen. Bei einer Mieterhöhung wegen Modernisierung oder Anpassung an die ortsübliche Miete kann der Mieter nach § 561 BGB kündigen. Er muss bis zum Ablauf des zweiten Monats nach Zugang der Erklärung des Vermieters das Mietverhältnis zum Ablauf des übernächsten Monats kündigen.

BEISPIEL

Die Mieterhöhungserklärung geht am 14. Juni zu, der Mieter kann bis zum 31. Oktober kündigen.

Nachmieter/Ersatzmieter: Die Mietnachfolgeklauseln regeln viel

Kein Anspruch auf vorzeitige Entlassung

Aufgrund der Mietrechtsreform wird es zu Auseinandersetzungen um Nachmieter zukünftig vielleicht nicht mehr so oft kommen, denn der Mieter hat ja gemäß § 573c BGB das Recht, das Mietverhältnis auch ohne Gründe mit einer Frist von drei Monaten zu kündigen. Lediglich der Vermieter hat noch die verlängerte Kündigungsfrist um jeweils drei Monate nach fünf und acht Jahren. Da für die Mieter die zum Teil langen Kündigungsfristen von neun bzw. zwölf Monaten nicht mehr gelten, ist davon auszugehen, dass die Auseinandersetzungen um einen Nachmieter seltener geführt werden.

Eine zum Nachteil des Mieters abweichende Vereinbarung ist unwirksam. Das heißt, dass die Kündigungsfrist des Mieters nicht verändert werden kann. Trotzdem kann sich in Einzelfällen das Problem des Nachmieters noch stellen, insbesondere bei dem Zeitmietvertrag gem. § 575 BGB oder in den Fällen, in denen eine Kündigungsmöglichkeit für eine bestimmte Zeit ausgeschlossen wurde.

Entgegen der allgemeinen Ansicht hat kein Mieter Anspruch darauf, aus einem Mietverhältnis vorzeitig entlassen zu werden, wenn er mindestens drei Nachmieter dem Vermieter benennt. Dafür gibt es keine gesetzliche Grundlage.

Mietzahlungspflicht besteht weiter

Wenn ein Mieter vor Ablauf der Kündigungsfrist oder vor Ablauf der vertraglich vereinbarten Mietzeit aus dem Mietobjekt auszieht, so hat der Vermieter weiterhin den Anspruch auf Zahlung der restlichen Miete bis zum Ende der Mietzeit. Ein Vermieter ist aufgrund des Gesetzes nicht verpflichtet, den Mieter vorzeitig aus dem Mietverhältnis zu entlassen oder sich um eine Weitervermietung des Mietobjektes zu kümmern (OLG Hamm, WM 1995, Seite 577 f.).

TIPP

Zieht ein Mieter ohne Rücksicht auf den weiter bestehenden Mietvertrag aus und zahlt keine Miete mehr, so kann der Vermieter grundsätzlich die Differenz zwischen der mit dem ausgezogenen Mieter vereinbarten Miete und der niedrigen Miete, zu dem er vermietet hatte, verlangen, weil der Mieter eine grobe Vertragsverletzung begangen hat (BGH, NJW 1993, Seite 1645).

Die vorzeitige Entlassung aus einem Mietverhältnis stellt eine Änderung des ursprünglichen Mietvertrages dar. Diese Änderung kommt nur dann zustande, wenn beide Parteien übereinstimmend feststellen, dass das Mietverhältnis – mit oder ohne Nachmieter – vorzeitig endet.

Vereinbarung nötig

Vereinbaren Vermieter und Mieter die Beendigung des Mietverhältnisses zu einem bestimmten Zeitpunkt und wird vereinbart, dass der Mieter einen Ersatzmieter beschaffen kann, so ergibt sich daraus der Anspruch des Mieters, bei Benennung eines zumutbaren Ersatzmieters aus dem Mietverhältnis entlassen zu werden. Der Vermieter ist verpflichtet, einen erneuten Mietvertrag mit einem solchen Ersatzmieter abzuschließen, der den zwischen Vermieter und Mieter abgeschlossenen Vertrag und die Vertragsbedingungen vorbehaltlos akzeptiert. Gegen die Person des Nachmieters kann der Vermieter dann keine Einwendungen erheben.

Mietnachfolgeklausel

Im Mietvertrag kann eine Mietnachfolgeklausel vereinbart sein. Auch dann hat der Mieter einen vertraglichen Anspruch auf vorzeitige Vertragsbeendigung. Hierbei muss zwischen den echten und unechten Nachfolgeklauseln unterschieden werden.

Echte Nachmieterklausel

Eine Ersatzmietervereinbarung, die dem Mieter nicht nur das vorzeitige Ausscheiden aus dem Mietverhältnis ermöglicht, sondern ihm einen Anspruch gewährt, einen Nachmieter zu stellen, ist eine so genannte echte Nachmieterklausel.

Zwingende Gründe

Bei dieser Klausel ist der Vermieter an den vom Mieter benannten Nachfolger gebunden. Bei der echten Nachmieterklausel kann der Vermieter den Nachmieter nur ablehnen, wenn er hierfür konkret zwingende Gründe geltend macht. Liegen keine Einwendungen gegen den Nachmieter vor, so ist der Vermieter verpflichtet, das Mietverhältnis zu den bisherigen Bedingungen mit dem Ersatzmieter fortzusetzen oder mit dem Nachmieter einen Mietvertrag ohne erschwerende Bedingungen abzuschließen.

Unechte Nachmieterklausel

Eine Vereinbarung, die dem Mieter nur das vorzeitige Ausscheiden aus dem Mietvertrag ermöglicht und ihm nicht das Recht gibt, einen Nachmieter zu stellen, ist eine unechte Nachmieterklausel. Sie ist dann anzunehmen, wenn vereinbart wurde, dass der Mieter die Berechtigung hat, den Mietvertrag vorzeitig mit der gesetzlichen Frist von drei Monaten zu kündigen, wenn er dem Vermieter mindestens drei wirtschaftlich und persönlich zuverlässige und – soweit erforderlich – zum Bezug der Wohnung berechtigte Nachmieter vorschlägt, die bereit sind, in den Mietvertrag für den Rest der Mietdauer einzutreten (OLG Frankfurt, NJW-RR 1992, 143).

TIPP

Dem Vermieter steht sodann ein Auswahlrecht unter den benannten Nachmietern zu. Er braucht sich jedoch nicht auf einen bestimmten Interessenten festzulegen.

Eindeutige Vereinbarung

Diese unechte Nachmieterklausel muss eindeutig vereinbart werden und die Beschränkungen müssen sich ausdrücklich aus dem Wortlaut der Klausel ergeben. Im Zweifel werden die Gerichte eher zur Anwendung der echten Nachmieterklausel kommen.

Das „schutzwürdige Interesse" des Mieters

Vertragliche Bindung

Was ist jedoch, wenn der Mietvertrag keine Nachfolgerklausel enthält und der Mieter vorzeitig aus dem Mietvertrag ausscheiden möchte? Es gilt zunächst einmal der Grundsatz der vertraglichen Bindung. Die Rechtsprechung lässt aber nach den Grundsätzen von Treu und Glauben gemäß § 242 BGB Ausnahmen zu mit der Folge, dass ein Vermieter verpflichtet ist, den Mieter vorzeitig aus dem Mietvertrag zu entlassen, wenn ein Ersatzmieter beigebracht wird.

Nach dem Rechtsentscheid des OLG Karlsruhe (NJW 1981, Seite 1741) muss der Mieter erst einmal ein schutzwürdiges Interesse an der vorzeitigen Vertragsauflösung haben. Beispiele für ein schutzwürdiges Interesse des Mieters sind:

- eine schwere Erkrankung,
- eine nicht vorhergesehene Versetzung aus beruflichen Gründen (LG Hamburg, DWW 1988, Seite 85),
- eine erhebliche Vergrößerung/Verkleinerung der Familie (OLG Karlsruhe, NJW 1981, Seite 1741),
- der Wunsch des Mieters, zusammen mit einem Lebensgefährten in eine andere Wohnung zu ziehen (AG Wiesbaden, WM 1988, 400, umstritten).

Keine schutzwürdigen Interessen des Mieters sind:

- Der Mieter hat den Wunsch, sein inzwischen fertig gestelltes Wohnhaus zu beziehen (OLG Karlsruhe, NJW 1981, Seite 1741),
- der Mietvertrag hat nur noch eine kurze Restlaufzeit von drei Monaten (OLG Oldenburg, WuM 1982, Seite 124).

Einhaltung der Kündigungsfrist

Auch ein Vermieter ist berechtigt, die Einhaltung der Kündigungsfrist von drei Monaten zu verlangen, bevor der Mieter aus dem Mietverhältnis entlassen wird.

Die Person des Nachmieters

Zumutbarer Nachmieter

Der Nachmieter muss für den Vermieter auch von seiner Person her akzeptabel sein. Ein Vermieter kann einen Nachmieter nur aus wichtigen Gründen ablehnen. Eine schematische Antwort auf die Frage, wann ein Nachmieter zumutbar ist oder nicht, kann nicht gegeben werden. Folgende Einzelfälle sind dazu bisher entschieden worden:

- Der Vermieter braucht nicht an eine allein stehende Person mit unsicherem Einkommen zu vermieten, wenn er bisher an eine Familie mit regelmäßigem Einkommen vermietet hatte.
- Für ein Einzimmerappartement muss ein Vermieter kein Ehepaar als Nachfolger akzeptieren.
- Nichteheliche Lebensgemeinschaften in Mieträumen einer katholischen Kirchengemeinde müssen nicht akzeptiert werden (LG Aachen, NJW 1992, Seite 2897).

Keine Ablehnungsgründe sind:

- ausländische Staatsangehörigkeit;
- ein unverheiratetes Paar bei Vermietung einer Wohnung in einem großen Block, wenn der Vermieter nicht im selben Haus wohnt (OLG Hamm, NJW 1983, Seite 1564);
- Wohngemeinschaft als Nachmieter, wenn bisher schon an eine Wohngemeinschaft vermietet wurde.

Kein Zwang zum Vertragsabschluss

Dies sind nur einige Beispiele und eine abschließende Aufzählung ist nicht möglich. Allgemeine Befürchtungen, Vermutungen und Unsicherheiten eines Vermieters berechtigen ihn nicht zur Ablehnung.

Kein Vermieter kann trotz der genannten Gründe gezwungen werden, mit einem rechtlich zumutbaren Ersatzmieter einen Vertrag zu schließen. Der Vermieter bleibt zwar in seiner Entscheidung frei, mit wem er einen Vertrag abschließen will. Lehnt er den Vertragsabschluss aber trotz eines geeigneten zumutbaren Ersatzmieters ab, dann verliert er die weiteren Ansprüche auf Miete gegen den bisherigen Mieter.

INFO

Hat ein Vermieter den Nachmieter akzeptiert, trägt er fortan das Risiko, wenn der Nachmieter nicht zahlungsfähig ist.

Mieter hat Beweislast

Kommt im Übrigen kein Mietvertrag mit einem Nachmieter zustande und der Vermieter fordert von dem Mieter weiterhin die Zahlung der Miete, so ist es in einem Rechtsstreit Sache des Mieters, darzulegen und zu beweisen, dass er einen geeigneten Nachmieter gestellt hat, der Vermieter aber von vornherein die Vermietung an einen Ersatzmieter abgelehnt hat.

Pflichten des Vermieters und Rechte des Mieters

Mangelfreier Zustand

Der Vermieter ist nicht nur verpflichtet, dem Mieter die Mietsache zu übergeben, er muss sie darüber hinaus in einem „mangelfreien Zustand“ übergeben und sie bis zur Beendigung des Mietverhältnisses in diesem Zustand erhalten (§ 535 ff. BGB).

Das Gesetz sieht als Mangel drei Fallgruppen an:

- Sachmangel;
- Rechtsmangel: Dieser ist gegeben, wenn der Mieter von einem Nichteigentümer mietet und dann der Eigentümer von dem Mieter die Herausgabe des Mietobjektes aufgrund seines Eigentumsrechtes beansprucht;
- Fehlen zugesicherter Eigenschaften.

Was ist ein Sachmangel?

Nachteilige Abweichung

Ein Mangel (Fehler der Mietsache) ist nach der Rechtsprechung jede für den Mieter nachteilige Abweichung des tatsächlichen Zustandes (Ist-Zustand) von dem vertraglich geschuldeten Zustand (Sollzustand) (BGH, WM 1990, Seite 546). Dazu folgende Beispiele:

- Ist ein Haus zu Wohnzwecken vermietet und kann in der Wohnung nicht gewohnt werden, weil ein behördliches Benutzungsverbot ausgesprochen wurde, liegt ein Fehler vor.
- Wurde im Mietvertrag vereinbart, dass die Wohnung alten- oder behindertengerecht ausgestattet ist, beispielsweise im Badezimmer, es fehlt aber die entsprechende Ausstattung, dann liegt ein Fehler vor.

- Baulärm vom Nachbargrundstück gilt als Fehler.
- Unzureichender Wärme- und Schallschutz ist ein Fehler.

TIPP

Bei der Beachtung des Wärme- und Schallschutzes ist der Vermieter lediglich verpflichtet, die zum Zeitpunkt der Errichtung des Gebäudes bestehenden technischen Vorschriften zu beachten.

Zu diesem Grundsatz gibt es aber auch Ausnahmen: Ist die Wohnung durch Feuchtigkeit so mangelhaft, dass sie unbewohnbar ist, stellt dies aus Sicht der Gerichte dennoch einen Mangel dar.

INFO

Es kommt auch nicht darauf an, dass der Vermieter das Entstehen eines Fehlers verschuldet hat. Jedes Mal, wenn ein Fehler auftritt, hat der Mieter die Möglichkeit, wegen eines Mangels seine Rechte geltend zu machen.

Minderung der Miete wegen eines Mangels

Der Mieter hat bei Vorliegen eines Mangels die Möglichkeit, die Miete zu mindern. Wenn die Mängel gravierend sind und die Wohnung unbewohnbar ist, dann ist der Mieter nicht zur Mietzahlung verpflichtet (siehe Checkliste Mietminderung Seite 156 ff.).

INFO

Die Minderung der Miete tritt nach dem Gesetz automatisch in Kraft. Deswegen ist der Mieter auch nicht verpflichtet, dem Vermieter eine Frist zur Mängelbeseitigung einzuräumen. Jedoch muss der Mieter dem Vermieter die Mängel anzeigen, sonst ist das Minderungsrecht ausgeschlossen (§ 536 c Abs. 2 BGB).

Unerhebliche Beeinträchtigung

Ein Minderungsrecht des Mieters besteht nicht, wenn die Tauglichkeit des Mietobjektes unerheblich beeinträchtigt ist. Dazu folgende Beispiele:

- fehlende Beleuchtung im Kellergang, wenn der Kellergang durch natürliches Licht ausgeleuchtet ist;
- übliche Neubaufeuchtigkeit, diese kann der Mieter durch Lüften beseitigen;
- normale Wohngeräusche, beispielsweise Schritte von Kindern in der Wohnung darüber;
- Einwurf von Glasflaschen in einen Müllschlucker;
- defektes Tor in einer Sammelgarage;
- Verkleinerung des Badewannenvolumens durch Einbau einer neuen Wanne.

Schuldhaftes Verhalten

Weiterhin kann der Mieter die Miete nicht mindern, wenn er den Mangel ausschließlich oder überwiegend durch sein schuldhaftes Verhalten verursacht hat. Hier beginnen zahlreiche Probleme, denn es ist ja höchst strittig, ob ein Mangel dem Mieter oder Vermieter zuzurechnen ist. Dieses Problem stellt sich insbesondere bei Feuchtigkeitsschäden, die in einer Mietwohnung auftreten.

Eine Verantwortlichkeit des Mieters ist dann anzunehmen, wenn

- der Mieter unzureichend lüftet,
- der Mieter zu wenig heizt,
- der Mieter die Möbel in einer Art und Weise aufgestellt hat, die sich auf die Durchlüftung nachteilig auswirkt.

Feuchtigkeitsschäden

Im Einzelfall muss dann durch ein Sachverständigengutachten festgestellt werden, ob die in einer Wohnung auftretenden Feuchtigkeitsschäden auf das Wohnverhalten des Mieters zurückzuführen sind oder nicht.

Minderung der Miete

Die Befugnis des Mieters, die Miete zu mindern, endet dann, wenn der Mangel beseitigt ist. Zieht der Mieter vor Beendigung des Mietverhältnisses aus, so ist er weiterhin berechtigt, die Miete bis zum Ende der Mietzeit zu mindern, auch wenn er das Mietobjekt nicht mehr nutzt. Eine rückwirkende Minderung der Miete ist ausgeschlossen. Ausnahmsweise wird eine Rückwirkung des Minderungsrechtes angenommen, wenn der Mieter wegen des Mangels die Miete unter Vorbehalt gezahlt hat.

Der Mieter verlangt Schadensersatz

Ohne Rücksicht auf Verschulden

Der Mieter kann Ersatz aller Schäden verlangen, die er durch den Mangel erlitten hat (§ 536 a BGB). Diese Verpflichtung zum Schadensersatz entsteht ohne Rücksicht auf ein Verschulden des Vermieters dann, wenn die Mängel schon bei Abschluss des Mietvertrages aufgetreten sind. Den Vermieter trifft also eine Garantiehaftung. Dabei mussten die Mängel noch nicht bekannt gewesen sein.

Haftung durch Verzug

Entsteht ein Mangel nach Abschluss des Mietvertrages bis zu seiner Beendigung, so haftet der Vermieter für die dadurch entstandenen Schäden dann, wenn er mit der Mängelbeseitigung in Verzug ist. Außerdem haftet der Vermieter dem Mieter, wenn er das Entstehen des Mangels verschuldet hat.

Der Mieter verlangt Beseitigung des Mangels

Anspruch auf Beseitigung

Neben dem Anspruch auf Minderung und Schadensersatz hat der Mieter auch das Recht, vom Vermieter die Beseitigung des Mangels zu verlangen. So kann er z. B. verlangen, dass ein Feuchtigkeitsschaden beseitigt und der gesamte Raum, in dem der Feuchtigkeitsschaden aufgetreten ist, neu tapeziert wird.

Ersatzpflicht des Vermieters

Hat der Mieter dem Vermieter eine Frist zur Beseitigung des Mangels gesetzt und ist diese Frist abgelaufen (Verzug), so kann der Mieter den Mangel selbst beseitigen und vom Vermieter Ersatz der erforderlichen Aufwendungen verlangen (§ 536a Abs. 2 BGB). Der Mieter hat das Recht, vom Vermieter die Zahlung eines angemessenen Vorschusses zur Selbstbeseitigung des Mangels zu verlangen, und er muss nach der Mängelbeseitigung über den Vorschuss Rechenschaft ablegen.

INFO

In gravierenden Fällen steht dem Mieter sogar das Recht zur fristlosen Kündigung zu (§ 543 BGB).

Dem Mietobjekt fehlt die vertraglich zugesicherte Eigenschaft

Nutzungsbeeinträchtigung

Für vertraglich zugesicherte Eigenschaften der Mietsache muss der Vermieter einstehen, auch dann, wenn durch das Fehlen dieser Eigenschaft die Nutzung des Mietobjektes nicht beeinträchtigt ist. Als Vermieter muss man daher vorsichtig sein, für das Mietobjekt bestimmte Garantien oder Zusicherungen zu geben.

Zugesicherte Eigenschaft

Beispielsweise ist die Zusicherung einer bestimmten Größe von Gewerberäumen oder der Wohnung eine vertraglich zugesicherte Eigenschaft. Nicht jede Größenangabe in einem Mietvertrag stellt aber die Zusicherung einer bestimmten Wohnungsgröße dar. Wenn die Größenangabe mit dem Zusatz „ca." für „circa" versehen ist, dann stellt diese Angabe keine Zusicherung dar.

Einzelne Mietminderungen, die ein Mieter geltend machen kann

Die nachfolgend aufgeführten Mietminderungsquoten sind von Gerichten anerkannt worden. Im Streitfall ist die Beurteilung der Mietminderung aber Auslegungssache des Richters.

Checkliste

Mietminderungen bis 10 %

- der Briefkasten fehlt: 3 %
- die Treppenhaustür lässt sich nicht abschließen: 5 %
- der Küchenherd ist defekt: 5 %
- Entziehung der Nutzung von Waschküche und Trockenraum: 10 %
- der Keller fehlt, nur ein Abstellraum wird überlassen: 10 %
- ein Teil der Wohnräume ist hellhörig: 10 %
- die Fensterläden werden entfernt: 10 %
- Lärm von einer Musikgruppe im Nachbarhaus: 10 %
- Ungezieferbefall: 10 %
- im Zuge der Reparatur wurde ein Teil der Badezimmerfliesen durch andersfarbige Fliesen ersetzt, sodass ein optischer Mangel entstand: 10 %
- die Aussicht wird durch eine hohe Mauer beeinträchtigt: 10 %
- der Hauswart beleidigt und bedroht die Mieter durch unflätige Beschimpfungen: 10 %
- Schimmelbefall in mehreren Räumen infolge übermäßiger Feuchtigkeit: 10 %

Mietminderungen zwischen 10 % und 50 %

- fehlende Wohnungstür: 15 %
- Belästigung eines Mieters durch streunende Katzen, die vom Nachbarn angelockt und gefüttert werden: 15 %
- Durchschnittstemperatur im Wohnzimmer unter 20° C: 15 %
- Störungen durch Tanzschule: 20 %
- Feuchtigkeit in der Wohnung: 20 %
- Auftreten von Silberfischen: 20 %
- Lärmbeeinträchtigung durch Mitmieter: 20 %
- Zimmertemperatur von 16 bis höchstens 18 Grad: 20 %
- Ausfall der Heizung an mehreren Tagen: 25 %
- Feuchtigkeit mit Schimmelbildung, sodass das Schlafzimmer gar nicht mehr und die übrigen Räume nur eingeschränkt nutzbar sind: 25 %
- Baulärm in einem Neubauviertel, der den Rahmen des Üblichen übersteigt: 25 %

- Unbenutzbarkeit des Wohnzimmers infolge eines Wasserschadens: 30 %
- im Badezimmer tritt Abwasser aus wegen eines Abflussstaus: 30 %
- Unbenutzbarkeit des Wohnzimmers wegen Einsturzgefahr der Zimmerdecke: 30 %
- erhebliche Störungen der Nachtruhe durch Lärmbelästigung einer Diskothek: 30 %
- häufiger Ausfall der Wohnungsheizung während eines längeren Zeitraums: 50 %
- Wohnzimmer ist wegen eindringenden Wassers unbenutzbar, Einlagerung der Möbel erforderlich: 50 %
- Undichtigkeit aller Fenster einer Wohnung und damit verbundene Feuchtigkeit und Kälte: 50 %

Mietminderungen zwischen 50 % und 100 %

- Minderung bei Überschwemmungsschaden am Teppichboden, durch den die Wohnqualität wegen Durchfeuchtung, Versandung und Gestank für die Dauer von 2 bis 3 Wochen beeinträchtigt wird: 80 %
- das Haus befindet sich in einem Zustand, in dem man es auf dem freien Wohnungsmarkt nicht vermieten kann, z. B. mangelhafte Beheizbarkeit eines Teils der Räume, andere Räume sind unbeheizbar, Löcher in der Zimmerdecke: 100 %
- totaler Heizungsausfall von September bis Februar: 100 %
- Unbewohnbarkeit der Wohnung wegen Umbaus und Umgestaltung: 100 %
- die Garage ist unbenutzbar, da die Garageneinfahrt nicht benutzt werden kann; die Garagenmietminderung beträgt 100 %

Schönheitsreparaturen und Schadensersatz

Vereinbarung im Mietvertrag

Bereits in dem Kapitel „Der Mietvertrag“ auf Seite 43 steht, dass der Vermieter nach § 535 Abs. 1 BGB verpflichtet ist, die Schönheitsreparaturen durchzuführen und zu bezahlen, die während und am Ende der Mietzeit anfallen. Zugleich wurde auch darauf hingewiesen, dass man die Verpflichtung zur Durchführung von Schönheitsreparaturen dem Mieter auferlegen kann; Voraussetzung ist natürlich, dass eine wirksame Vereinbarung im Mietvertrag vorgesehen wurde (siehe Seite 46). Wichtig ist insbesondere, dass man die durchzuführenden Schönheitsreparaturen im Mietvertrag genau bezeichnet und dass man auch den entsprechenden Fristenplan vereinbart.

Eindeutige Formulierung

Formulierungen im Mietvertrag, die für Schönheitsreparaturen davon sprechen, dass die Wohnung „bezugsfertig“ oder „in einem ordnungsgemäßen Zustand“ vom Mieter zu halten sei, sind zu ungenau und verpflichten den Mieter nicht zur Durchführung von Schönheitsreparaturen.

Wann sind Schönheitsreparaturen fällig?

Fristenplan

Wann ein Mieter zur Durchführung der Schönheitsreparaturen verpflichtet ist, hängt von den Umständen des Einzelfalles ab. Wenn im Mietvertrag ein Fristenplan vereinbart wurde, dann ist dieser auch nur ein Anhaltspunkt für die Verpflichtung zur Durchführung der Schönheitsreparaturen. Die allgemeine Lebenserfahrung hat gezeigt, dass nach dem Ablauf gewisser Fristen die Renovierung der Mieträume erforderlich wird.

Tatsächliche Abnutzung

Gleichwohl machen verschiedene Gerichte die Verpflichtung zur Durchführung von Schönheitsreparaturen trotz eines Fristenplanes auch davon abhängig, ob die Wohnung innerhalb dieses Zeitraumes abgenutzt wurde. Regelmäßig kann man aber davon ausgehen, dass man nach Ablauf der Fristen den Anspruch auf Durchführung der Schönheitsreparaturen durchsetzen kann.

Wie setzen Sie als Vermieter den Anspruch auf Schönheitsreparaturen durch?

Während der Dauer des Mietverhältnisses

Hauptpflicht des Mieters

Ist die Verpflichtung zur Durchführung im Mietvertrag dem Mieter wirksam auferlegt worden, so muss der Mieter diese Arbeiten durchführen, denn es handelt sich dabei um eine Hauptpflicht des Mieters aus dem Mietverhältnis. Führt der Mieter diese Arbeiten nicht durch, kann man als Vermieter nicht einfach Schönheitsreparaturen selbst durchführen und dem Mieter die Kosten auferlegen.

Aufforderung

Zunächst einmal muss der Mieter zur Vornahme der Schönheitsreparaturen aufgefordert werden. Weigert sich der Mieter, diese Arbeiten durchzuführen, dann muss dem Mieter nochmals eine Frist zur Durchführung der Schönheitsreparaturen gesetzt werden. Die Frist darf nicht zu kurz bemessen werden, denn dem Mieter muss ja auch die Möglichkeit gegeben werden, einen Handwerker zu beauftragen. Daher ist eine Frist von vier Wochen angemessen.

Genaue Mitteilung

In dem Schreiben muss dem Mieter auch genau mitgeteilt werden, welche Arbeiten er auszuführen hat. Dabei sind die einzelnen Räume sowie die darin auszuführenden Arbeiten genau zu bezeichnen.

Sollte der Mieter die Schönheitsreparaturen nicht vornehmen, kann der Mieter auf Durchführung der Schönheitsreparaturen verklagt werden. Nach einer solchen Verurteilung des Mieters gibt es dann die weitere Möglichkeit, diese Maßnahme auf Kosten des Mieters durchzusetzen und zuvor von ihm einen Vorschuss zu verlangen.

MUSTERBRIEF

Sehr geehrter ...

aufgrund der Regelung in § ... des Mietvertrages sind Sie verpflichtet, Schönheitsreparaturen in den von Ihnen angemieteten Räumen durchzuführen. Gemäß § ... sind Küche, Bad und Toilette alle drei Jahre, alle übrigen Räume nach fünf Jahren zu renovieren. Die Wohnungsbesichtigung hat ergeben, dass die Durchführung der Schönheitsreparaturen notwendig ist.
Folgende Arbeiten sind durchzuführen:

1. Wohnzimmer: Tapezieren der Wände, Streichen der Decke, Streichen der Heizkörper sowie der Sockelleisten.
2. Schlafzimmer: ...

Zur Durchführung der Schönheitsreparaturen setzen wir Ihnen eine Frist bis zum (vier Wochen nach Datierung des Schreibens).

Sollten die Schönheitsreparaturen nicht fristgemäß ausgeführt werden, so werden wir nach Ablauf der Frist auf Erfüllung der Verpflichtung klagen und den Anspruch durchsetzen.

Mit freundlichen Grüßen

Nach Beendigung des Mietverhältnisses

Feststellung

Spätestens wenn das Mietverhältnis beendet wurde und der Mieter die Wohnung übergeben hat, stellt sich der Umfang der notwendigen Renovierungsarbeiten heraus. Wenn im Mietvertrag die Übernahme der Schönheitsreparaturen vereinbart wurde und die Wohnung renovierungsbedürftig ist, dann muss der Mieter diese Arbeiten spätestens jetzt ausführen.

Wurde beispielsweise ein Zimmer erst ein Jahr vor Beendigung des Mietvertrages renoviert und befindet sich in einem guten Zustand, dann kann man nicht schon wieder eine Schönheitsreparatur, sondern nur eine anteilsmäßige Vergütungszahlung verlangen, wenn dies vereinbart wurde.

Vielfach wird aber festgestellt werden, dass die Wohnung insgesamt renovierungsbedürftig ist. Nunmehr muss der Vermieter dem Mieter zur Durchführung der Arbeiten eine Frist setzen, sonst verliert er seine Ansprüche auf Schadensersatz.

TIPP

Diese Fristsetzung muss mit einer Ablehnungsandrohung verbunden werden (§ 326 BGB). Das bedeutet: Der Vermieter muss ausdrücklich mitteilen, dass die Schönheitsreparaturen dann auf Kosten des Mieters durchgeführt wird, wenn der Mieter diese nicht innerhalb der gesetzten Frist selbst durchführt.

Fristsetzung erforderlich

Diese Fristsetzung mit Ablehnungsandrohung ist auf jeden Fall erforderlich, auch dann, wenn der Mieter anlässlich der Wohnungsbesichtigung ausführt, dass er die Schönheitsreparaturen nicht machen wolle und ohne Hinterlassung der neuen Anschrift verschwindet. In diesem Fall muss der Vermieter versuchen, die neue Anschrift beim Einwohnermeldeamt oder bei der Post zu ermitteln.

TIPP

Die Rechtsprechung macht zwar von dem Erfordernis der Fristsetzung mit Ablehnungsandrohung eine Ausnahme, nämlich dann, wenn der Mieter „ernsthaft und eindeutig" die Durchführung der Schönheitsreparaturen ablehnt. Sie als Vermieter sollten sich aber sicherheitshalber nicht darauf verlassen, dass in Ihrem Fall eine derartige Ausnahme gegeben ist. Die Fristsetzung und Ablehnungsandrohung ist daher bei Auszug des Mieters dringend zu empfehlen.

MUSTERBRIEF

Sehr geehrter ...

die Wohnungsbesichtigung anlässlich der Übergabe hat ergeben, dass in Ihrer Wohnung folgende Schönheitsreparaturen notwendig sind:

1. Schlafzimmer: Streichen der Raufasertapete, Streichen der Decke, Streichen der Sockelleisten, Streichen der Heizkörper nebst Rohren sowie Lackieren der Tür.
2. Flur: vollständiges Tapezieren, Streichen der Sockelleisten sowie der Tür.

Für die Durchführung der Arbeiten setzen wir Ihnen eine Frist von drei Wochen, nämlich bis zum ... Bis zu diesem Zeitpunkt haben Sie die oben genannten Arbeiten durchzuführen.
Nach Ablauf der Frist lehnen wir die Durchführung der Schönheitsreparaturen durch Sie ab und werden die Schönheitsreparaturen auf Ihre Kosten durchführen und die uns entstandenen Kosten Ihnen gegenüber als Schadensersatz geltend machen.

Weiterhin werden wir ein Gutachten über den Zustand der Wohnung einholen und auch diese Kosten Ihnen gegenüber geltend machen. Zur Durchführung der Schönheitsreparaturen können jederzeit die Schlüssel bei uns abgeholt werden.

Mit freundlichen Grüßen

Handwerker wird beauftragt

Wenn der Mieter auf die Fristsetzung hin die Schönheitsreparaturen nicht vorgenommen hat, dann kann ein Handwerker mit der Durchführung dieser Arbeiten beauftragt werden und der Vermieter kann den ihm entstandenen Schaden geltend machen.

Wie ein Schadensersatzanspruch gegen den Mieter geltend gemacht wird

Der Schaden besteht aus

- den Kosten für die Durchführung der Schönheitsreparaturen,
- dem Mietausfall, den der Vermieter dadurch erleidet, dass er wegen der Nichtdurchführung der Schönheitsreparaturen die Wohnung nicht sofort weitervermieten konnte (Voraussetzung: Er hatte sofort einen Anschlussmieter);
- den Kosten eines eventuellen Sachverständigengutachtens.

Schadensbegrenzungspflicht

Der Vermieter ist verpflichtet, den ihm entstandenen Schaden so gering wie möglich zu halten. Das heißt, er muss die entsprechende Frist setzen und unverzüglich nach deren Ablauf die Wohnung renovieren lassen. Auch muss er sich sofort um eine Weitervermietung bemühen. Für den Schadensersatzanspruch muss der Vermieter beweisen, dass die Durchführung der Schönheitsreparaturen notwendig war. Mittel für diesen Beweis sind Zeugenaussagen, ein privates Sachverständigengutachten oder ein gerichtliches Beweissicherungsverfahren.

Zeugenaussagen

Unsicherer Beweis

Die Zeugenaussagen sind aber ein unsicherer Beweis, denn welcher Zeuge kann sich noch daran erinnern, wie die Tapete im Schlafzimmer oder die Sockelleisten im Flur aussahen.

Privates Sachverständigengutachten

Zeugenfunktion

Bei den Handwerkskammern kann man die bei Gericht benannten Sachverständigen, die beweiskräftige Gutachten erstellen, erfragen. Allerdings handelt es sich dabei um private Gutachten und das bedeutet, der Sachverständige tritt in einem Prozess wie ein Zeuge auf. Jedoch sind die Sachverständigen erfahren genug, die notwendigen Feststellungen für einen Rechtsstreit zu treffen.

TIPP

Wenn schon ein Zeuge zur Besichtigung mitgenommen wird, dann sollte es sich um einen sachkundigen Zeugen – etwa einen Malermeister – handeln, der auch genau Protokoll über den Zustand der Wohnung und die erforderlichen Arbeiten führt. Anhand dieses Protokolls kann der Zeuge dann in einem Gerichtstermin seine Aussagen machen. Notwendig sind auch Fotos vom Zustand der Räume. Dabei ist natürlich darauf zu achten, dass diese den Zustand der Wohnung bzw. die Mängel deutlich zeigen und nicht unscharf sind.

Gerichtliches Beweissicherungsverfahren

Aufwendiges Verfahren

Möglich ist auch die Durchführung eines gerichtlichen Beweissicherungsverfahrens. Damit wird der volle Beweis über den Zustand der Wohnung allein nach Vorlage des Sachverständigengutachtens geführt. Der Antrag wird bei dem für die Mietwohnung zuständigen Amtsgericht gestellt. Allerdings führt die Einleitung eines gerichtlichen Beweissicherungsverfahrens oft zu Verzögerungen, da das Gericht den Mieter zunächst zu dem Antrag anhören muss und dann erst einen Beschluss fasst, dass ein Sachverständiger hinzugezogen wird. Als Vermieter müssen Sie damit rechnen, dass die Kosten für das gerichtliche Beweissicherungsverfahren nicht als erstattungsfähig angesehen werden, wenn die Begutachtung durch einen Sachverständigen keinen Erfolg verspricht.

Wie setzen Sie die Zahlung für Schönheitsreparaturen durch?

Aufrechnung mit Kaution

Wenn nach Beendigung des Mietverhältnisses die Forderung des Vermieters feststeht, gibt es zwei Möglichkeiten: Sofern eine Kaution vereinbart wurde, kann der Vermieter mit dem ihm entstandenen Schaden hinsichtlich des Kautionsrückzahlungsanspruchs des Mieters aufrechnen und entsprechendes Geld zurückbehalten.

TIPP

Können noch weitere Ansprüche entstehen – nämlich auf Zahlung aus der Betriebs- und Heizkostenabrechnung –, dann ist es unter Umständen nicht sinnvoll, zugleich mit dem Kautionsrückzahlungsanspruch aufzurechnen.

Klage

Andernfalls müssen Sie vor dem Amtsgericht auf Zahlung der Kosten klagen.

Wie Sie mit Sachbeschädigungen durch den Mieter umgehen

Nach Beendigung des Mietverhältnisses kann der Vermieter neben den Ansprüchen auf Durchführung von Schönheitsreparaturen natürlich noch weitere Ansprüche haben. So kommt es durchaus vor, dass in der zurückgegebenen Wohnung Beschädigungen festgestellt worden sind, beispielsweise

- das Türblatt ist eingetreten,
- der Spülkasten ist abgerissen,
- die Küchenarmaturen wurden entfernt usw.

Beseitigungspflicht durch den Mieter

Bei derartigen Schäden handelt es sich nicht um Schäden, die den „Schönheitsreparaturen“ zuzuordnen sind. Hier wurde das Eigentum des Vermieters beschädigt. Auch diese Schäden muss der Mieter ersetzen. Da bei einzelnen Schäden eine Abgrenzung zwischen Schönheitsreparatur und Sachschaden nicht möglich sein wird, ist es auch in diesen Fällen sinnvoll, vor der Durchführung der Schadensbeseitigung den Mieter unter Fristsetzung mit Ablehnungsandrohung zur Beseitigung der im Einzelnen genannten Schäden aufzufordern.

Ersetzen des Gebrauchswertes

Für Schadensersatzansprüche gilt der Grundsatz: „Abzug neu für alt“. Am folgenden Beispiel soll dies verdeutlicht werden: Als Vermieter hat man nur den Anspruch, dass der entstandene Schaden beseitigt wird. Ist eine Zimmertür z.B. zehn Jahre alt, so kann man auch nur die Wiederherstellung der zehn Jahre alten Zimmertür verlangen. Ist die Zimmertür nicht mehr zu reparieren und muss vollständig erneuert werden, dann muss der Vermieter sich den nunmehr entstehenden Wertvorteil – statt einer gebrauchten Zimmertür erhält er nun eine nagelneue Zimmertür mit einer langen Lebensdauer – in Abzug bringen lassen, das heißt, er kann nur die anteiligen Kosten verlangen. Hat eine Zimmertür eine übliche Nutzungsdauer von 25 Jahren, so erhält der Mieter nach einer abgelaufenen Nutzungszeit von zehn Jahren von den ihm entstandenen Kosten für die Erneuerung der Tür in Höhe von 250,00 € nur 150,00 €. Die restlichen 100,00 € muss er sich als „Abzug neu für alt" bei seinem Ersatzanspruch abziehen lassen.

Beachten Sie die Verjährungsfristen

Der Vermieter kann seine Ansprüche gegen den Mieter nicht erst nach fünf oder sechs Jahren geltend machen, denn alle Ansprüche des Vermieters unterliegen der Verjährung. Verjährung bedeutet, dass nach Ablauf der Verjährungsfrist der Mieter nicht mehr verpflichtet ist, den Anspruch des Vermieters auf Zahlung zu erfüllen und der Vermieter diese Ansprüche auch nicht mehr bei Gericht durchsetzen kann. Im Mietrecht muss man berücksichtigen, dass für bestimmte Ansprüche nur eine kurze Verjährungsfrist gilt.

Kurze Verjährungsfrist für die Vermieteransprüche

INFO

Die Ansprüche des Vermieters auf Durchführung von Schönheitsreparaturen und Schadensersatz unterliegen der kurzen Verjährungsfrist von sechs Monaten (§ 548 BGB). Diese Verjährungsfrist beginnt nicht mit der vertraglichen Beendigung, sondern bereits mit der Übergabe der Mieträume durch den Mieter.

Informationsrecht des Vermieters

Eine Rückgabe der Mietsache setzt nicht nur voraus, dass der Vermieter in der Lage ist, sich ungehindert ein umfassendes Bild über den Zustand des Mietobjektes zu machen; es muss auch eine Veränderung der Besitzlage eintreten, damit von einer Rückgabe im Sinne des § 548 Abs. 1 BGB gesprochen werden kann (BGH, NJW-RR 1992, Seite 1226; OLG Düsseldorf, NJW-RR 1994, Seite 11).

TIPP

Es ist also erforderlich, dass der Vermieter aufgrund eigener Sachherrschaft „freien Zutritt" hat und dass er somit in die Lage versetzt wird, sich „ungestört" ein Bild von dem Zustand der Mietsache zu machen.

Wenn der Mieter die Schönheitsreparaturen in der Wohnung noch durchführt, während der Vermieter die Wohnung besichtigt, dann stellt dies nach der Rechtsprechung noch keine Rückgabe der Mietsache dar. Die Verjährungsfrist beginnt dann noch nicht zu laufen.

TIPP

Die Auffassung der Amtsgerichte zu diesem Punkt ist aber uneinheitlich. Deswegen sollte man nie bis zur letzten Minute warten und schon den ersten Termin, an dem die Wohnung besichtigt werden kann, als Beginn der Sechsmonatsfrist notieren.

Formlose Übergabe

In vielen Fällen geschieht es, dass der Mieter einfach die Schlüssel in den Briefkasten des Vermieters wirft – auch schon vor Ablauf der tatsächlichen Mietzeit –, ohne dass eine gemeinsame Besichtigung oder förmliche Übergabe stattfindet. In diesem Fall beginnt die Verjährungsfrist an dem Tag, an dem der Schlüssel im Briefkasten gefunden wird. Damit ist dem Vermieter die Rückgabe angezeigt und er allein hat das ausschließliche Besitzrecht. Folgende Ansprüche des Vermieters fallen unter die sechsmonatige Verjährungsfrist:

- Schadensersatz wegen Veränderungen oder Verschlechterung der überlassenen Mieträume, z.B. zerrissene Tapeten;
- Ansprüche wegen nicht vollständiger Erfüllung der Rückgabepflicht, z. B. Schlüssel;
- Ansprüche auf Wiederherstellung des früheren Zustandes, nachdem der Mieter eine von ihm in die Mietsache eingebrachte Einrichtung weggenommen hat;
- Schadensersatz wegen vertragswidriger Wegnahme einer Einrichtung, z. B. der Badewanne;
- Schadensersatz wegen nicht durchgeführter Schönheitsreparaturen;
- damit zusammenhängende Kosten für Gutachten der Schadensfeststellung;
- Mietausfallschaden, weil das Mietobjekt nicht sofort weitervermietet werden konnte;
- nicht nur Schäden an den Mieträumen selbst, sondern auch Schäden im Treppenhaus und auf dem Hof;
- Wasserschäden, die in einer darunter liegenden Wohnung entstanden sind.

Aus den eben ausgeführten Beispielen ist zu erkennen, dass der Anwendungsbereich des § 548 BGB sehr weit ist und fast jeden Anspruch des Vermieters gegen den Mieter erfasst; Ausnahmen sind nur die rückständige Miete und die Betriebskosten.

Ansprüche des Vermieters auf rückständige Mietzahlungen

Verjährungsfrist: vier Jahre

Rückständige Mieten verjähren nach vier Jahren. Dies gilt auch für Betriebskostenforderungen, egal ob als Vorauszahlung oder als Pauschale (§ 197 BGB). Die Nutzungsentschädigung wegen nicht rechtzeitiger Rückgabe der Mieträume nach fristloser Kündigung verjährt ebenfalls in vier Jahren (BGH Z 68, Seite 307).

Bei einer Heizkostennachforderung beginnt die Verjährungsfrist des Vermieters zu laufen, wenn dem Mieter die Abrechnung über die Heizkosten zugeht (BGH Z 113, Seite 188). Dies gilt auch für die sonstigen Betriebskosten.

In diesem Zusammenhang wird noch einmal darauf verwiesen, dass die Abrechnung gemäß § 556 Abs. 3 BGB dem Mieter spätestens bis zum Ablauf des zwölften Monats nach Ende des Abrechnungszeitraumes zugegangen sein muss, sonst kann der Vermieter Nachforderungen aus der Betriebskostenabrechnung nicht mehr geltend machen.

TIPP

Ansprüche gegen den Mieter sollten unverzüglich geltend gemacht werden.

Es kommt zum Prozess

Für Wohnraum und Geschäftsräume

Wohnraum: Amtsgericht

Sämtliche Rechtsstreitigkeiten – wie Wohnräumungs- und Zahlungsklagen – sind bei dem Amtsgericht zu führen, in dessen Bezirk sich die Wohnräume befinden (§ 29 Abs. 1 ZPO). Diese Vorschrift ist zwingend, abweichende Regelungen, auch bei hohem Streitwert, können nicht vereinbart werden.

Geschäftsräume

Bei Geschäftsräumen ist das Amtsgericht nur dann zuständig, wenn die Forderung oder die vereinbarte Jahresnettomiete bis 5000,00 € beträgt. Bei einem Streitwert ab 5000,01 € ist das Landgericht zuständig. Örtlich sind die Gerichte zuständig, in deren Bezirk sich die Geschäftsräume befinden.

Parteien des Mietprozesses

Im Mietprozess sind die Vermieter bzw. Mieter die „Parteien". Insbesondere bei Räumungsklagen und Klagen auf Zustimmung zur Mieterhöhung muss unbedingt darauf geachtet werden, dass

- *alle* Vermieter auch die Klage auf Räumung und Zustimmung erheben,
- auch *alle* Mieter auf Herausgabe des Mietobjektes verklagt werden.

Untermieter berücksichtigen

Bei einer Räumungsklage ist es auch empfehlenswert, zugleich einen eventuellen Untermieter auf Herausgabe des Wohnraumes zu verklagen. Sonst kann das Räumungsurteil nur gegen den Hauptmieter vollstreckt werden. Wenn der Untermieter mit seinen persönlichen Gegenständen aber in der Wohnung bleibt, erhält man mit einer Räumungsklage gegen den Hauptmieter noch nicht den Alleinbesitz an der Wohnung. In diesem Fall müsste der Untermieter zuerst zur Räumung aufgefordert werden. Verweigert er diese, dann muss das gleiche Verfahren noch einmal begonnen werden.

Welche Klagearten stehen zur Verfügung?

Es werden folgende vier verschiedene Arten der Klage unterschieden: Zahlungsklage, Räumungsklage, Feststellungsklage durch den Mieter und Duldungsklage.

Zahlungsklage

Zahlungsrückstände

Wenn man gegen den Mieter Ansprüche auf Zahlung der rückständigen Miete oder die rückständige Nachzahlung aus der Betriebskostenabrechnung geltend machen will, kann man entweder eine Zahlungsklage bei Gericht einreichen oder einen Mahnbescheid beantragen. Die Rechtsantragsstelle der Amtsgerichte ist Ihnen bei der Formulierung behilflich.

Räumungsklage

Räumungsverzug

Wenn das Mietverhältnis ordnungsgemäß gekündigt wurde und der Mieter die Wohnung nicht fristgerecht geräumt hat oder ausdrücklich erklärt hat, dass er keinesfalls ausziehen werde, dann ist beim Amtsgericht Klage auf Räumung zu erheben. Erst wenn das Räumungsurteil vorliegt, steht fest, dass der Mieter zum Auszug verpflichtet ist.

Die Vollstreckung von Urteilen und insbesondere auch von Räumungsurteilen geschieht ausschließlich über die Gerichtsvollzieher.

Nur mit Gerichtsvollzieher

Wer aufgrund eines Räumungsurteils einen Mieter selbstständig ohne Mitwirkung des Gerichtsvollziehers aus der Wohnung setzt, begeht eine Nötigung und Hausfriedensbruch. Die Durchsetzung von Ansprüchen des Vermieters gegen den Mieter kann also lediglich mit gerichtlicher Hilfe erfolgen.

Keine Selbsthilfe!

Es dürfen insbesondere nicht die Schlösser ausgewechselt oder Strom/Gas bzw. Wasser abgestellt werden. Derartige Maßnahmen berechtigen den Mieter sogar, mittels einer einstweiligen Verfügung gegen den Vermieter „den Normalzustand“ wieder herstellen zu lassen. Abgesehen von den möglichen strafrechtlichen Folgen kommen auf den Vermieter weitere unangenehme Konsequenzen zu.

Bei Nichtzahlung von Miete und Betriebskosten gibt es nur die Möglichkeit der Klage, wenn die Voraussetzungen für die Kündigung vorliegen. Dann kann gekündigt werden und es muss Räumungsklage erhoben werden.

Feststellungsklage durch den Mieter

Kündigung wird angefochten

Aufgrund einer Kündigung kann im Übrigen auch ein Mieter Klage gegen den Vermieter erheben und zwar mit dem Ziel, feststellen zu lassen, dass die vom Vermieter ausgesprochene Kündigung unwirksam ist. Der Mieter kann also nach einer Kündigung selbst tätig werden, bevor der Vermieter die Räumungsklage erhebt. Der Antrag des Mieters geht dann dahin, das Fortbestehen des Mietverhältnisses festzustellen.

Duldungsklage

Mieter soll Maßnahmen dulden

Dabei handelt es sich um eine Klage, bei der der Mieter zur Duldung einer bestimmten Maßnahme verurteilt wird. Ein typisches Beispiel ist die Klage auf Duldung von Modernisierungsmaßnahmen gegenüber den Mietern. Wenn eine Modernisierung form- und fristgerecht angekündigt wurde, dann ist der Mieter verpflichtet, die Durchführung der Maßnahme zu dulden, es sei denn, er kündigt (§ 554 BGB).

Kein eigenmächtiges Erzwingen

Verweigert der Mieter den Handwerkern den Zutritt zu seiner Wohnung, dann können diese oder der Vermieter nicht eigenmächtig das Zutrittsrecht erzwingen. Der Mieter muss daher auf Duldung der entsprechenden Modernisierungsmaßnahme verklagt werden. Zugleich sollte der Mieter auch auf Feststellung verklagt werden, dass er verpflichtet ist, den sich aus der Weigerung ergebenden Schaden des Vermieters zu ersetzen.

Wichtige Adressen

Haus & Grund Deutschland – Zentralverband der Deutschen Haus-, Wohnungs- und Grundeigentümer e.V.
Mohrenstraße 33
10117 Berlin
Tel. (0 30) 20 21 60

Haus & Grund Baden
Lessingstraße 10
76135 Karlsruhe
Tel. (07 21) 8 31 28 10
Fax (07 21) 8 31 28 12

Haus & Grund Bayern
Herzog-Wilhelm-Straße 10/IV
80331 München
Tel. (0 89) 55 14 15 10
Fax (0 89) 5 51 41-5 52

Haus & Grund Brandenburg
Voltaireweg 12
14469 Potsdam
Tel. (03 31) 2 70 21 23
Fax (03 31) 2 70 21 24

Haus & Grund Berlin Bund der Berliner Haus- und Grundbesitzervereine e.V.
Potsdamer Straße 143
10783 Berlin
Tel. (0 30) 2 16 34 36
Fax (0 30) 2 16 98 23

Haus & Grund Bremen
Am Dobben 3
28203 Bremen
Tel. (04 21) 3 68 04-10
Fax (04 21) 3 68 04 88

Grundeigentümer-Verband Hamburg von 1832 e.V.
Paulstraße 10
20095 Hamburg
Tel. (0 40) 32 13 91
Fax (0 40) 32 13 97

Haus & Grund Hessen
Niedenau 61–63
60325 Frankfurt am Main
Tel. (0 69) 72 94 58
Fax (0 69) 17 26 35

Haus & Grund Mecklenburg-Vorpommern
Mecklenburgstraße 64
19053 Schwerin
Tel. (03 85) 5 77 74 10
Fax (03 85) 5 77 74 11

Haus & Grund Niedersachsen
Schützenstraße 24
30853 Langenhagen
Tel. (05 11) 97 32 97-0
Fax (05 11) 97 32 97-32

Haus & Grund Nordrhein und Westfalen – Verband für Haus-, Wohnungs- und Grundeigentum 1995 e.V.
Elisabethstraße 4
44139 Dortmund
Tel. (02 31) 9 58 30
Fax (02 31) 95 83 95

Haus & Grund Oldenburg
Staulinie 16/17
26122 Oldenburg
Tel. (04 41) 1 41 16
Fax (04 41) 9 25 08 01

Haus & Grund Ostwestfalen-Lippe
Postfach 10 13 70
33513 Bielefeld
Tel. (05 21) 9 64 30-0
Fax (05 21) 9 64 30-23

Haus & Grund Rheinland-Pfalz
Kaiserstraße 9
55116 Mainz
Tel. (0 61 31) 61 97 20
Fax (0 61 31) 61 98 68

Haus & Grund Ruhr
Postfach 10 16 42
45016 Essen
Tel. (02 01) 23 47 05
Fax (02 01) 23 58 55

Haus & Grund Saarland
Bismarckstraße 52
66121 Saarbrücken
Tel. (06 81) 6 68 37-0
Fax (06 81) 6 80 35

Haus & Grund Sachsen-Anhalt
Steinigstraße 7
39108 Magdeburg
Tel. (03 91) 7 31 68 32
Fax (03 91) 7 31 68 33

Haus & Grund Sachsen e. V. Landesverband Sächsischer Haus-, Wohnungs- und Grundeigentümer
Rähnitzgasse 27
01097 Dresden
Tel. (03 51) 8 26 02 04
Fax (03 51) 8 26 02 02

Haus & Grund Schleswig-Holstein
Sophienblatt 3
24103 Kiel
Tel. (04 31) 66 36-110
Fax (04 31) 66 36-188

Haus & Grund Thüringen
Anger 35
99084 Erfurt
Tel./Fax (03 61) 2 11 06 12

Haus & Grund Westfalen
Dahlenkampstraße 5
58095 Hagen
Tel. (0 23 31) 2 90 96
Fax (0 23 31) 18 26 06

Abkürzungen

Abs.	Absatz
AG	Amtsgericht
AGBG	Gesetz zur Regelung der Allgemeinen Geschäftsbedingungen
Az.	Aktenzeichen
BayObLG	Bayerisches Oberlandesgericht
BGB	Bürgerlichen Gesetzbuches
BGH	Bundesgerichtshof
BGHZ	Amtliche Sammlung der Entscheidungen des Bundesgerichtshofs
BVerfG	Bundesverfassungsgericht
II. BV	II. Berechnungsverordnung
DWW	Deutsche Wohnungswirtschaft (Zeitschrift)
GbR	Gesellschaft bürgerlichen Rechts, auch BGB-Gesellschaft genannt
LG	Landgericht
LPartG	Lebenspartnerschaftsgesetz
NJW	Neue Juristische Wochenschrift
NJW-RR	Neue Juristische Wochenschrift-Rechtsprechungsreport (Zeitschrift)
NZM	Neue Zeitschrift für Mietrecht
OLG	Oberlandesgericht
WM	Wertpapiermitteilungen (Zeitschrift)
WuM	Wohnungswirtschaft und Mietrecht (Zeitschrift)
ZPO	Zivilprozessordnung

Register